SPASS AM BASTELN

Das Schmunzel-, Spiel- und Tüftelbuch
für kleine Bastler

ALMUTH BARTL

ILLUSTRATIONEN VON MICHAEL SCHOBER

Tessloff

In diesem Buch werden die folgenden Abkürzungen für Mengen- und Maßangaben verwendet:

mm = Millimeter
cm = Zentimeter
m = Meter
g = Gramm
l = Liter
EL = Eßlöffel

Fotos: Berthold Schweiz
Illustrationen und Umschlag: Michael Schober

Die Basteleien in diesem Buch sind von der Autorin und dem Verlag sorgfältig geprüft worden. Dennoch kann keine Garantie übernommen werden. Eine Haftung der Autorin oder des Verlags für Personen-, Sach- oder Vermögensschäden ist ausgeschlossen.

ISBN 3-7886-1051-4

Inhalt

Achtung, aufgepaßt!

Sägemesser  und Papierschneidemesser  sind gefährliche Werkzeuge. Diese vertrackten Dinger können nämlich nicht unterscheiden, wo der Karton  aufhört und wo dein Finger  anfängt! Sei also auf der Hut! Sage deinen Eltern Bescheid, wenn du mit einem dieser Geräte etwas schneiden willst. Laß dir ruhig auch mal helfen!

Das gleiche gilt in jedem Fall für den Umgang mit „offenem Feuer" – gemeint sind damit auch schon Streichhölzer  und Kerzen .

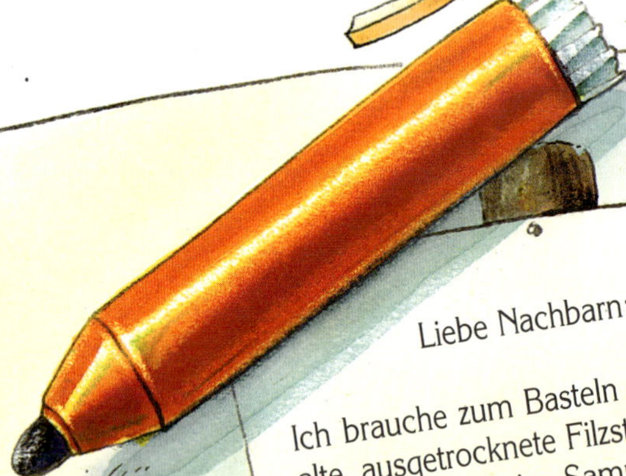

Aktion Sammelkiste

Wer gerne bastelt, der sammelt meistens auch gerne. Das ist ja ganz klar, weil ein echter Bastler eben so ziemlich alles gebrauchen kann.
In diesem Buch findest du jede Menge Basteltips, für die man alte, ausgediente Dinge braucht, zum Beispiel:
Schachteln in allen Größen, alte Kleidungsstücke, leere Flaschen, Plastikbecher und Streichholzschachteln, leere Küchenpapier- und Toilettenpapierrollen, altes Geschenkpapier, Bonbonpapier und und und ...
Solltest du einmal viele Exemplare eines bestimmten Wegwerfprodukts brauchen, so hilft ein Anschlag an der Müllsammelstelle. Du wirst staunen, wie schnell du die gewünschten Sachen beisammen hast.

Ein bißchen Spaß muß sein!

Tante Gerdas Tischrutschbahn

Hast du vielleicht auch so eine Tante Gerda, die ab und zu ins Haus geschneit kommt, alles besser weiß und nie etwas mitbringt außer vielen guten Ratschlägen zur Kindererziehung?
Für den nächsten Besuch bist du mit diesem netten kleinen Streich aufs beste gewappnet.
Überlege dir, auf welchem Stuhl Tante Gerda zu sitzen pflegt, während sie ihren Kaffee schlürft. Jeder Besucher setzt sich meist automatisch auf den Stuhl, auf dem er das letzte Mal saß. Ist das dennoch nicht ganz klar, dann machst du die Sache durch scheinheilige Tischkärtchen eindeutig!
Aber nun zum Stuhl! Besorge dir zwei dünne, kleine Holzplättchen, die du sorgfältig mit doppelseitigem Klebeband – notfalls auch mit zwei alten Kaugummis – unter die hinteren beiden Stuhlbeine klebst.
Dem Stuhl ist nichts anzusehen, und doch hat er ein Gefälle nach vorne bekommen.
Während Tante Gerda dann auf dem Stuhl sitzt und ihre Reden schwingt, rutscht sie allmählich nach vorne. Ein herrlicher Anblick!
Natürlich setzt sie sich sofort wieder zurück – aber schon rutscht sie wieder.
Bevor Tante Gerda dann allen Ernstes nach der Rutschursache fahndet, solltest du dich unbemerkt aus dem Staub machen!

Die Überraschungsschachtel

Die Streichholzschachtel sieht ja wirklich harmlos aus. Spannend wird's erst, wenn Tante Gerda oder sonst jemand die Schachtel ahnungslos öffnet. Da springt ihr nämlich ein kleines Monster entgegen!

Du brauchst:

1 Streichholzschachtel
2 Streifen Tonpapier
(1 cm breit und etwa 30 cm lang)
1 etwa markstückgroße Papierscheibe
Schere
Klebstoff
Klebeband
Buntstifte

So wird gebastelt:

Als Feder für das Schachtelmonster wird zunächst eine „Hexentreppe" gefaltet, und das geht so: Klebe die unteren Enden der Tonpapierstreifen aufeinander.

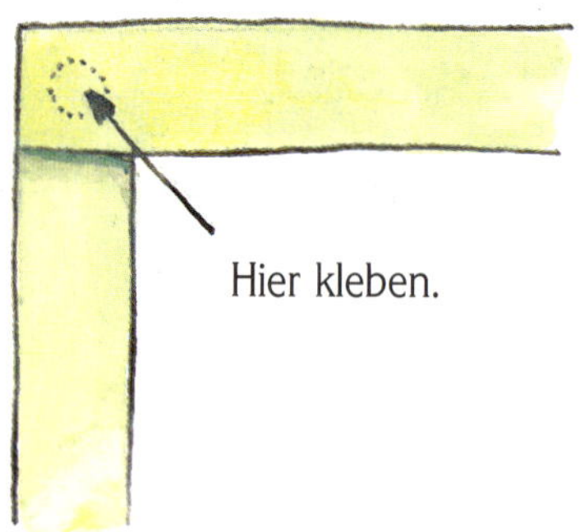

Nun wird abwechselnd immer der untenliegende Streifen über den obenliegenden gefaltet.

Und so weiter …

Falte so lange weiter, bis die Streifen zu Ende sind, und klebe die beiden Enden aufeinander. Drücke die Feder probeweise zusammen, und lasse sie los. Du siehst: Die Hexentreppe funktioniert!
Male jetzt auf die Papierscheibe einen möglichst lustigen Monsterkopf, und klebe ihn auf einem Ende der Hexentreppe fest.

Öffne die Streichholzschachtel, und befestige das Monster mit Klebeband am Schubladenboden. Schiebe die Schachtelhülle über das zusammengedrückte Monster!

So, nun brauchst du bloß abzuwarten, bis sich Tante Gerda eine Zigarette anzünden will. Freundlich, wie du bist, reichst du ihr die Monsterschachtel.

TRICK 17: Willst du deine Geschwister oder Freunde erschrecken, brauchst du ihnen nur die Schachtel zeigen und sagen, daß sie diese „Geheimschachtel" keinesfalls öffnen dürfen.
Du kannst sicher sein: Die Neugierde wird sie so lange plagen, bis sie die Schachtel in einem Moment, in dem sie sich unbeobachtet fühlen, öffnen!

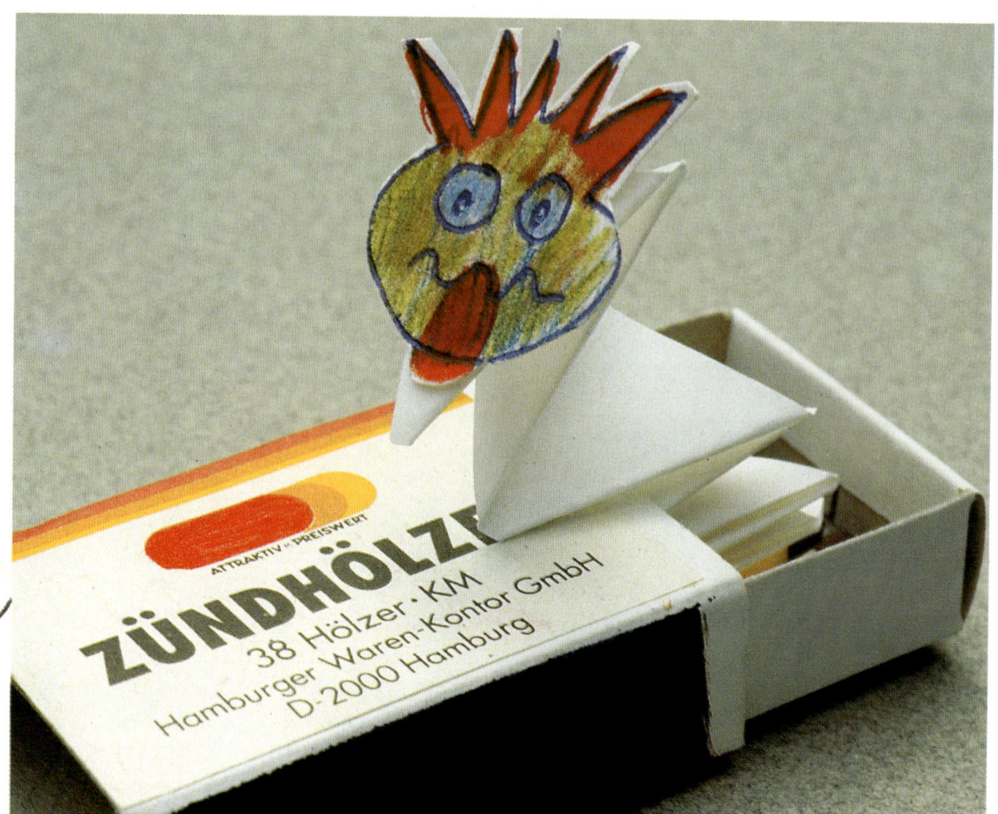

Abschied von Tante Gerda

„Was, Tante Gerda, du willst schon fahren? Das ist aber schade. Na, wir winken dir aber bestimmt noch nach!"
Das müssen wir auch, denn sonst sehen wir die Wirkung des Abschiedsstreichs nicht.
In Amerika freuen sich Jungvermählte über einen Klapperdosenschwanz an ihrem Auto, wenn sie zur Hochzeitsreise starten. Na und was denen gefällt, das gefällt doch Tante Gerda bestimmt auch!

Du brauchst:

Hammer
Nagel
viele Blechdosen
Schnur

Mit Hammer und Nagel schlägst du in jeden Dosenboden ein Loch, so daß du die Dosen auf die Schnur auffädeln kannst. Mache hinter jeder Dose einen festen Knoten. Der Dosenschwanz kann ruhig drei Meter lang sein! Nun schleichst du dich zu Tante Gerdas Auto und bindest ein Ende des Dosenschwanzes an der Stoßstange oder am Abschlepphaken fest. Den Dosenschwanz legst du so unter das Auto, daß keinesfalls eine Dose oder die Schnur beim Abfahren unter die Räder kommen können. Nicht vergessen: Artig verabschieden und winken, winken …

Post für Tante Gerda

Wenn Tante Gerda schon nicht mehr zu Besuch kommt, wird es höchste Zeit, ihr ein Brieflein zu schicken.

Du brauchst:

starken Karton
1 kleinen Gummiring
1 Büroklammer
1 Briefumschlag und 1 Din-A4-Blatt

Schneide aus dem Karton ein 10 × 15 cm großes Rechteck aus. Bringe an den Schmalseiten jeweils 2 cm von oben einen kleinen Einschnitt an. Schneide aus der oberen Seite in der Mitte ein Rechteck aus, das etwa 8 cm breit und 6 cm hoch ist.

Spanne den Gummiring an den Einschnitten um den Karton. Klemme die Büroklammer fest über den Ring.

Drehe dann Büroklammer und Gummi fest auf, und lege das Schreckgespenst vorsichtig zuerst in ein doppelt gefaltetes DIN-A4-Blatt und dann in den vorher adressierten Briefumschlag. Wird der Umschlag geöffnet, dreht sich die Klammer mit Getöse auf.

Krachmacher-Instrumente

Klapper am Stiel

Du brauchst:

2 kleine, runde Pappteller
Buntpapier
bunte Farbstifte
1 Handvoll getrockneter Bohnen oder Kieselsteinchen
1 Holzspatel (gibt es in der Apotheke)
flüssigen Klebstoff

So wird's gemacht:

Zwei Pappteller werden mit der Wölbung nach außen aneinandergeklebt, so daß zwischen ihnen ein Hohlraum entsteht. Die Bohnen oder Steinchen wurden zuvor in diesen Hohlraum gefüllt. Sie geben später die Krach-Klapper-Rasselgeräusche ab. Aber halt, so weit sind wir ja noch gar nicht!
Zuerst werden die Außenseiten der beiden Teller bunt bemalt oder mit Buntpapierkreisen und -kringeln lustig beklebt. Dann legst du die Teller probeweise einmal aufeinander und überlegst dir, an welcher Stelle du den Stiel, also die Holzspatel, einkleben willst.

So, nun stellst du einen Teller auf den Tisch und gibst die Bohnen oder Steinchen hinein. Dann bestreichst du den Tellerrand vorsichtig mit Klebstoff und legst den zweiten Teller mit dem Rand nach unten darauf. Die Holzspatel schiebst du so zwischen die Teller, daß etwa die Hälfte des Stäbchens im Rasselinneren verschwindet.
Jetzt drückst du die Tellerränder leicht aneinander und wartest ein paar Minuten, bis der Klebstoff getrocknet ist. Und schon kannst du vorsichtig die ersten Rasselversuche starten!

Die Nervensäge

Für hörbare Scherze jeder Art eignet sich diese Nervensäge vortrefflich. Ihre Herstellung ist denkbar einfach. Du brauchst nur ein Stück Papier (10 × 6 cm) und eine Schere.

1. Falte das Papier in der Mitte.

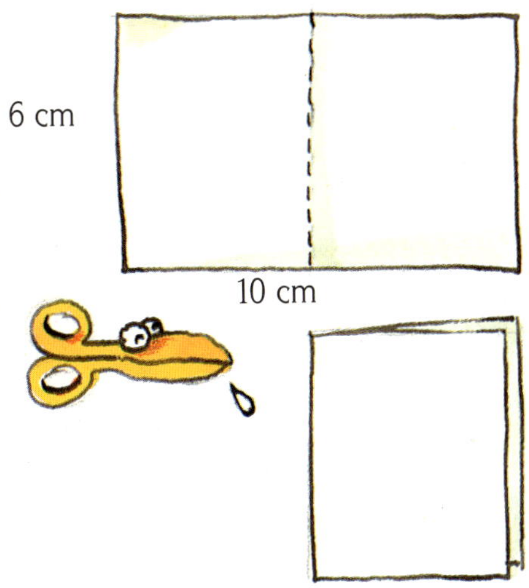

2. Schneide an der geschlossenen Seite zwei V-förmige Stücke heraus:

3. Falte dann die offenen Seiten so zurück zum Falz:

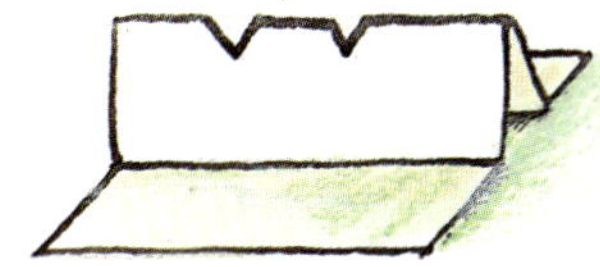

4. Halte die Nervensäge zwischen Zeigefinger und Mittelfinger, und blase fest in den Schlitz. Du erzeugst damit gespenstische Quietschgeräusche.

Der Klapperkopf

Genauso einfach wie das Rasselmodell links kann man auch einen Klapperkopf mit Ohrringen herstellen. Dazu wird auf die Außenseiten der beiden Pappteller je ein möglichst lustiges Gesicht gemalt. Statt Bohnen oder Steinchen braucht man jetzt zwei Holzperlen und ein Stück Schnur, das etwa doppelt so lang ist wie der Durchmesser eines Tellers. An je ein Schnurende wird eine Holzperle gefädelt und so verknotet, daß sie nicht mehr verrutschen kann.

Du stellst nun einen Teller auf den Tisch und legst die Schnur quer darüber, so daß die Perlen links und rechts über den Tellerrand hängen. Darüber kommt wieder der zweite Teller. Jetzt mußt du nur noch die Holzspatel einstecken und ankleben.

Halte die Rassel am Stiel, drehe sie mit Schwung seitwärts und gleich wieder zurück. Die Holzperlen klappern auf den Papptellerkopf.
Wer will, kann dem Klapperkopf noch Haare aus Wollfäden oder Luftschlangen ankleben.

TIP: Die Holzperlen können auch durch hübsche Knöpfe oder Glöckchen ersetzt werden!

Was schwimmt denn da herum?

Bojen für die Badewanne

Für eine Boje brauchst du:

1 Schraubdeckel, zum Beispiel von einem Marmeladenglas
1 Streifen Transparentpapier, etwa 5 cm breit
Schere
Klebstoff
1 Teelicht

Schneide den Streifen Transparentpapier so zu, daß er gut um den Deckel paßt. Lege den Deckel mit der offenen Seite nach oben auf den Tisch, und streiche die Deckelränder mit Klebstoff ein.

Klebe jetzt den Papierstreifen rings um den Deckelrand fest. Die Papierenden sollten ein bißchen überlappen und ebenfalls mit einem Tropfen Klebstoff übereinandergeklebt werden.
So, nun hinein ins Badewasser! Teelicht in den Deckel stellen, anzünden und die Boje vorsichtig aufs Wasser setzen.

TIP: Hohen Wellengang im Badewasser vermeiden!

Segelbootregatta

Hast du Lust auf ein lustiges, wildes Spiel? Dann ist die Segelbootregatta haargenau das richtige für dich!
Gebraucht wird eine Plastikwanne oder ein tiefes Tablett, das man mit Wasser füllen darf.
Zwei Papiersegelboote (die Faltanleitung ist auf der rechten Seite) werden auf das Wasser gesetzt, jedes Boot an einer der gegenüberliegenden Schmalseiten des Tabletts.
Ein Schiedsrichter gibt das Startzeichen: „Auf die Plätze, fertig, los!“
Sofort versuchen die Spieler, ihr Segelboot zur gegenüberliegenden Seite zu pusten. Daß das gar nicht so einfach ist, könnt ihr euch vorstellen. Die Segelboote werden zwar durch den „Rückenwind“ nach vorne getrieben, doch müssen sie schwer gegen den „Gegenwind“ ankämpfen.
Welchem Kapitän gelingt es zuerst, sein Boot zur gegenüberliegenden Seite zu pusten?
Natürlich könnt ihr das Spiel auch zu viert oder gar zu sechst spielen. Wichtig ist nur, daß auf jeder Seite gleich viele Kapitäne pusten.

Das Buddelschiff

Du brauchst:

1 kleine Buddel (Flasche) mit sehr weiter Halsöffnung, zum Beispiel eine Sahneflasche
weißes Papier
blaues und silbernes Lametta (gibt's im Schreibwarengeschäft, in der Drogerie oder im Kaufhaus)
Klebstoff
Schere
Buntstifte

So wird gebastelt:

Zuerst mußt du die Flasche in Wasser einweichen, sorgfältig von Etiketten befreien, gründlich auswaschen und trocknen.
Nun faltest du ein Segelschiffchen, so groß, daß es gerade noch durch den Flaschenhals paßt. Die Faltanleitung findest du auf der rechten Seite.
Lege die Flasche auf den Tisch, und gib einige Kleckse Klebstoff auf den „Meeresgrund". Schiebe eine Handvoll Lametta ins Flascheninnere, und bändige es mit den Fingern, so daß die blauen und silbernen Fäden am Boden ankleben.

Klebstoff

Leichter „Seegang" sieht besonders schön aus.

Wer Lust hat, malt noch einen kleinen Matrosen auf weißes Papier, schneidet ihn aus, malt auch die Rückseite an und klebt den Matrosen in das Schiffchen.
Jetzt wird das Boot ins Lamettawasser gelassen und dort mit flüssigem Klebstoff so angeklebt, daß es auch rauhem Seegang einigermaßen widerstehen kann.
Beklebe noch den Flaschenverschluß, und schreibe den Namen deines Segelbootes darauf.

Und hier ist die Faltanleitung für das Segelboot:

1. Falte ein DIN-A4-Blatt einmal so …

2. … und einmal so:

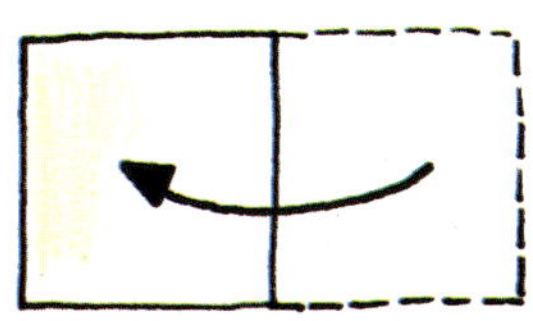

3. Öffene die Arbeit einmal. Die geschlossene Seite liegt nun oben. Falte die rechte obere Ecke zur Mittellinie. Drehe die Faltarbeit um, und wiederhole den Vorgang.

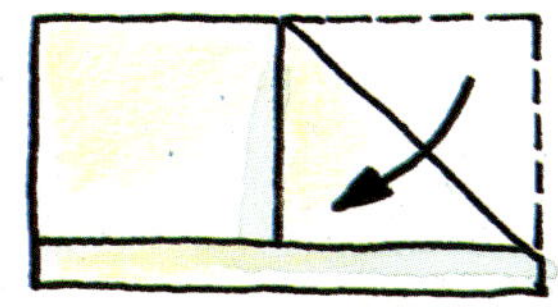

4. Falte nun auf beiden Seiten den offenen Streifen über die heruntergefaltete Ecke.

5. Schiebe das entstandene Hütchen an den offenen Seiten zusammen, so daß diese Form entsteht:

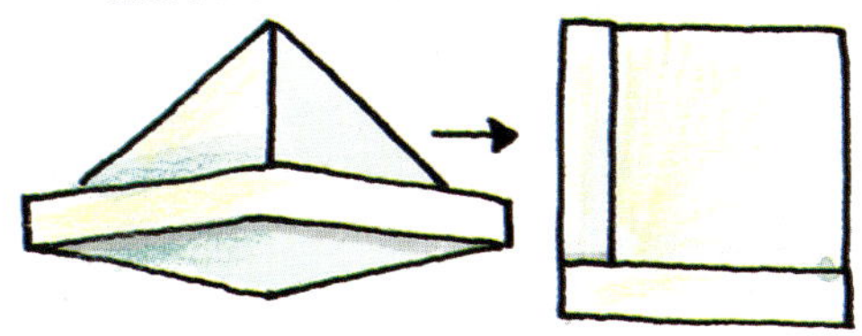

6. Falte die offene Ecke nach oben, drehe die Arbeit um, und wiederhole den Vorgang auf der anderen Seite.

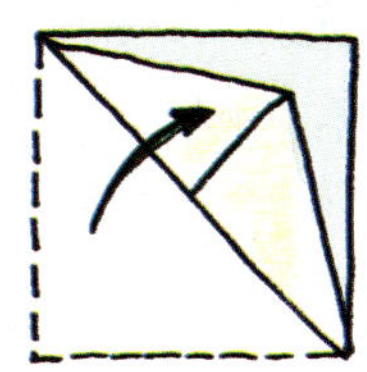

7. Ziehe die Arbeit auseinander, so daß sie so aussieht:

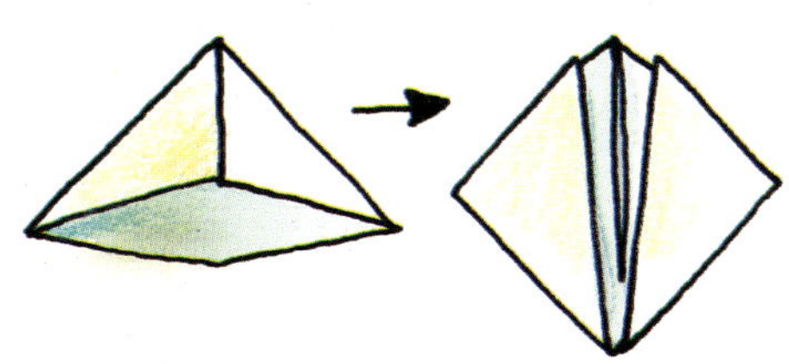

8. Ziehe jetzt die Spitzen auseinander, und dein Schiffchen ist fertig.

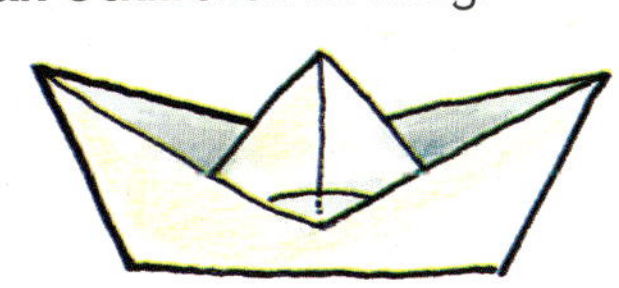

Spiele für die Hosentasche

Der Glitzerball

Vielleicht hast du solche Glitzerbälle schon einmal gesehen. Manchmal gibt es sie auf Jahrmärkten zu kaufen. Der Ball hängt an einem Gummiband. Wirft man ihn nach unten, schnellt er wie ein Jo-Jo gleich wieder zurück.
Ein idealer Ball für Kinder, die öfters mal alleine spielen!

Du brauchst:

Zeitungspapier
1 m Hutgummi
breites Klebeband, beispielsweise Kreppklebeband
Alufolie und Klebstoff
Reste von glänzender Weihnachtsbastelfolie oder Buntpapier

So wird's gemacht:

Knülle aus dem Zeitungspapier einen festen Ball. Ein Ende des Gummibandes soll sich in dem Ball befinden, der etwa so groß wie ein Tennisball ist.
Klebe mehrere Streifen Klebeband um den Ball, um ihn stabil zu machen und das Gummiband zu befestigen.
Zum Schluß wickelst du den Ball in ein Stück Alufolie ein und beklebst ihn mit Herzchen, Kreisen, Sternchen oder Kringeln, die du aus den Resten von Bastelfolie oder Buntpapier ausgeschnitten hast.

Eine Zippel-Zappel-Spinne

1 schöne, runde Kastanie
8 Zahnstocher und
etwas Wollfaden

Das ist alles, was du für die Spinne brauchst!
Bohre zuerst die Zahnstocher ringsherum wie einen Strahlenkranz in die Kastanie. Wenn du sie dann auf den Tisch legst, sieht sie wie eine Sonne mit acht Strahlen aus:

Lege das Wollfadenende ganz dicht an der Kastanie um einen Zahnstocher herum. Halte das Fadenende mit einem Finger fest, führe den Faden weiter zum nächsten Zahnstocher, lege ihn auch um diesen Zahnstocher herum, und so weiter und so weiter …

Fertig? Dann klettere auf einen Stuhl oder einen Tisch, halte das Ende des Wollfadens fest in der Hand, und laß die Spinne den Faden entlang hinunterzappeln.

Der Luftschlangenkreisel

Aus einem Streichholz, ein paar bunten Luftschlangen und Klebstoff kannst du dir ganz schnell einen lustigen Kreisel basteln.
Wickle ein Ende einer Luftschlange ganz fest um ein Streichholz, und wickle dann weiter und weiter. Wenn du eine Luftschlange aufgewickelt hast, klebst du an ihr Ende den Anfang einer andersfarbigen Luftschlange und wickelst wieder weiter.
So entsteht allmählich eine Scheibe aus mehreren verschiedenen Luftschlangen. Klebe schließlich das Ende fest, und warte, bis der Klebstoff getrocknet ist.
Das Gebilde sieht jetzt so aus:

Drücke die Scheibe vorsichtig nach oben, und du erhältst einen kunterbunten Kreisel.

Wie toll der Kreisel flitzen kann, und wie lustig sich die bunten Farben dabei „mischen"! Probiere es gleich aus.
Stelle den Kreisel auf seinen Streichholzkopf, drehe das obere Streichholzende ganz schnell zwischen deinen Fingern – und schon saust der Luftschlangenkreisel los.
Wenn du gleich mehrere Kreisel für deine Freunde und Geschwister bastelst, könnt ihr um die Wette kreiseln.

TIP: Bestreiche den Kreisel außen mit farblosem Lack oder flüssigem Klebstoff. Dadurch wird er stabiler und hält länger!

Das Hosentaschentheater

Du brauchst:

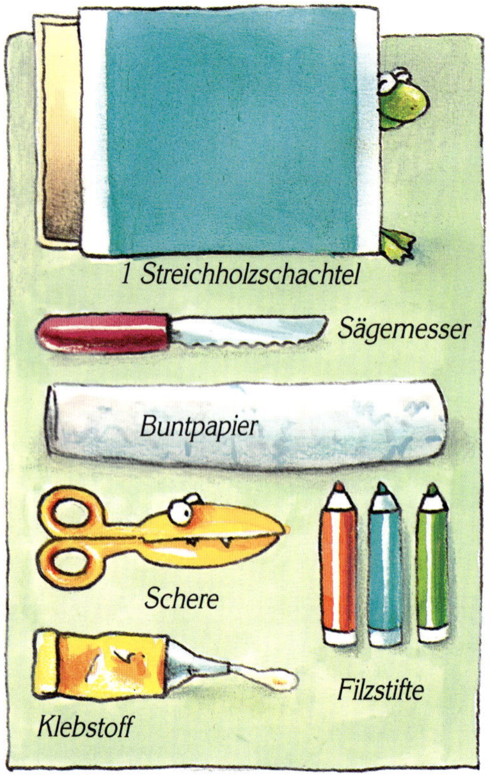

Schiebe die Schublade der Streichholzschachtel aus der Hülse, und schneide die Hülse mit dem Sägemesser in zwei Hälften. Für das winzige Hosentaschentheater brauchst du nur die Schublade der Streichholzschachtel und eine Hälfte der Hülse. Beklebe beides mit Buntpapier, und klebe in den Schubladenboden ein Bildchen, das als Kulisse für dein Theater geeignet ist. So ein Bildchen kannst du entweder aus einer alten Illustrierten oder einem Reiseprospekt ausschneiden, oder aber du bemalst selber ein entsprechend großes Stück weißes Papier mit Buntstiften. Denk aber daran, daß nur etwa zwei Drittel deines Bildes zu sehen sein werden!
Schneide jetzt die untere Seitenwand der Schublade ab, damit du von unten einen oder auch zwei Finger als Schauspieler in das Theater schieben kannst.

Diese Wand heraustrennen.

So werden deine Finger zu lustigen, kleinen Schauspielern:

Male auf die Fingerkuppen deiner linken Hand Gesichter und Haare. Wenn du willst, kannst du den Schauspielern auch noch (Finger-)Hüte aufsetzen.
Gib nicht nur jedem Schauspieler ein anderes Aussehen, sondern versuche auch, jeden mit einer anderen Stimme sprechen zu lassen.

TIP: Wer gerade keine Streichholzschachtel findet, kann sich die Theaterbühne auch aus einem Stück quadratischem Papier (etwa 12 × 12 cm) selber falten!

Und das geht so:

Falte die Mittellinien vor:

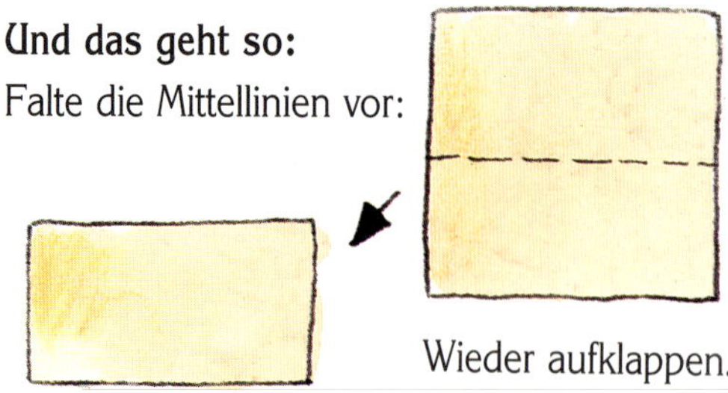

Wieder aufklappen.

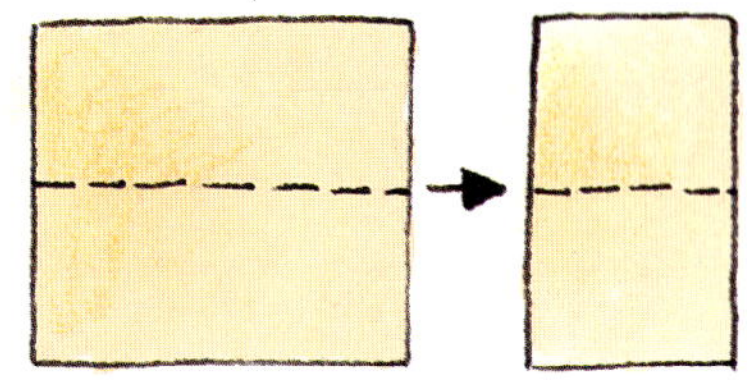

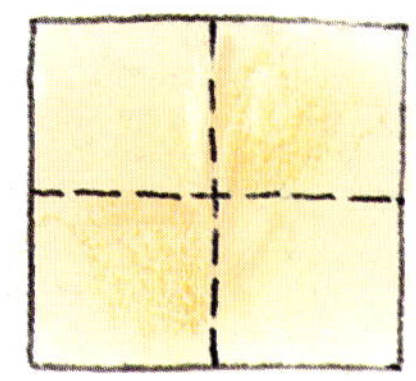

Wieder aufklappen.

Dann geht's los:

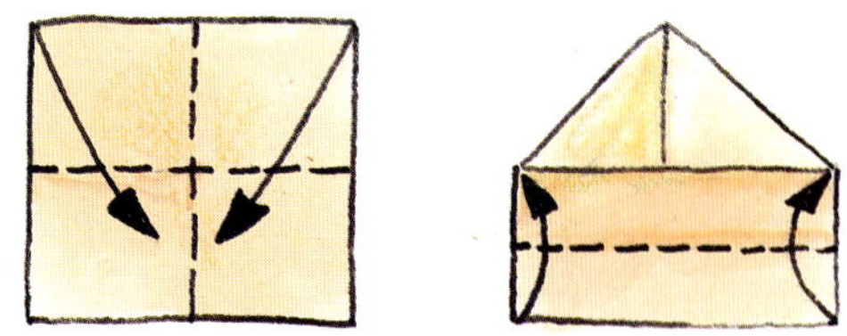

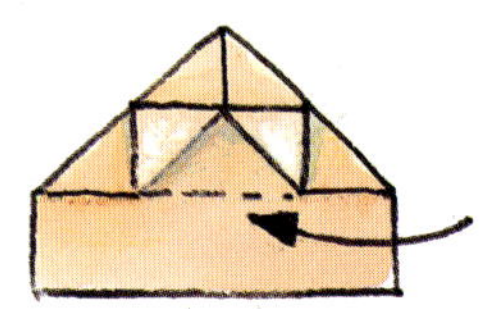

Hier mit einem Papiermesser aufschneiden!

Am Schluß Seitenwände nach hinten falten und auf der Rückseite mit einem Streifen Tesafilm aneinanderkleben.

Rückseite

Wenn dich die Ecken des Theatervorhanges stören, klebst du sie einfach mit zwei Tropfen Klebstoff fest.
Schiebe die Schauspielfinger von unten in das Theater!

Ich möcht' gern mal wer anders sein!

Hexenfinger

Hexenfinger passen zu jeder Art von gruseliger Gespensterverkleidung. Du brauchst dafür nur Luftschlangen und ein Streichholz. Lege ein Luftschlangenende um ein Streichholz, und wickle fest weiter nach hinten, bis die Luftschlange aufgewickelt ist. Du erhältst so einen gruseligen Hexenfinger. Klebe das Ende der Luftschlange mit einem winzigen Tropfen Klebstoff fest. Genauso machst du es, wenn sie dir irgendwann einmal abreißen sollte. Das Streichholz kannst du vorsichtig herausziehen.

Ende mit flüssigem Klebstoff festkleben.

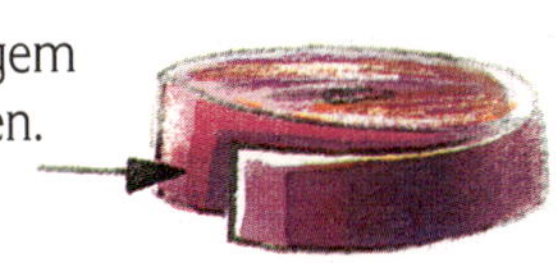

Du kannst auch eine Scheibe wickeln und dann ganz behutsam von unten in die Papierscheibe drücken. Ist der Hexenfinger schon einige Zentimeter hoch, nimmst du am besten eine Stricknadel zu Hilfe und ziehst die Scheibe ganz vorsichtig und gleichmäßig in die Länge.
Du kannst die Hexenfinger auch ein wenig biegen, das sieht ganz toll aus!
Sind die Hexenfinger fertig, lackierst du sie mit Klarlack, farblosem Nagellack oder mit flüssigem Klebstoff.
Wer ein paar alte Fingerhandschuhe „opfern" darf, schneidet die Fingerspitzen großzügig ab und klemmt die Hexenfinger in die verbliebenen Fingeröffnungen.

Schachtelmasken

Mit so einer Schachtelmaske auf dem Kopf kann man herrlich als Schachtelgeist herumkaspern, wilde, gruselige Laute ausstoßen, wie ein Schachtelsaurier durch die Gegend krabbeln und ab und zu frech die Zunge herausstrecken.

Für eine Schachtelmaske brauchst du:

1 Schachtel, die etwas größer ist als dein Kopf
Schere
Messer
schwarzen Filzstift
Buntpapier, Kreppapier, Luftschlangen
jede Menge Krimskrams: Schachteln, Pappbecher und und und ...
Klebstoff

Schneide mit Messer und Schere Öffnungen für Augen, Nase und Mund in die Schachtel, und umrahme sie mit schwarzem Filzstift. Dann verzierst du die Schachtel nach Lust und Laune mit Bunt- und Kreppapier, Luftschlangen und allem möglichen Krimskrams.

Pappnasen

Also, diese Nasen sind wirklich nicht von Pappe. Wenn du schnell dein Gesicht lustig verändern willst, brauchst du dringend eine kleine „Nasenkorrektur".

Zum Basteln brauchst du:

kleine Schachteln, zum Beispiel von Zahnpastatuben oder Glühbirnen, oder Papprollen aus dem Inneren von Toilettenpapier oder Küchenpapier
Sägemesser
Buntpapier
Schere
Klebstoff
Hutgummiband

Das Grundmodell

Schneide eine Papprolle oder Schachtel in zwei Hälften.

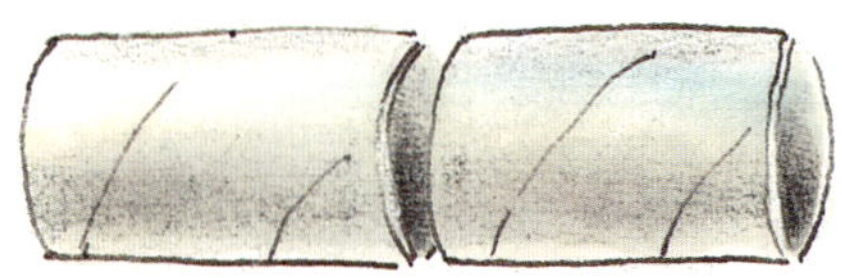

Aus einer Rollenhälfte wird deine Pappnase: Erst überspannst du das offene Ende vorne mit rotem Buntpapier, das du an der Rolle festklebst.

Jetzt beklebst du die Papprollennase rundherum mit rotem Buntpapier und stichst seitlich zwei Löcher für das Gummiband ein.

Gummiband von außen durch die Rolle fädeln, innen verknoten – und fertig ist die Pappnase!

Wie gefallen dir diese Nasenmodelle?

Die Schnabelnase

Papier zu einer Tüte formen, zusammenkleben und störende Papierecken abschneiden. Gummiband einfädeln und im Naseninneren verknoten.

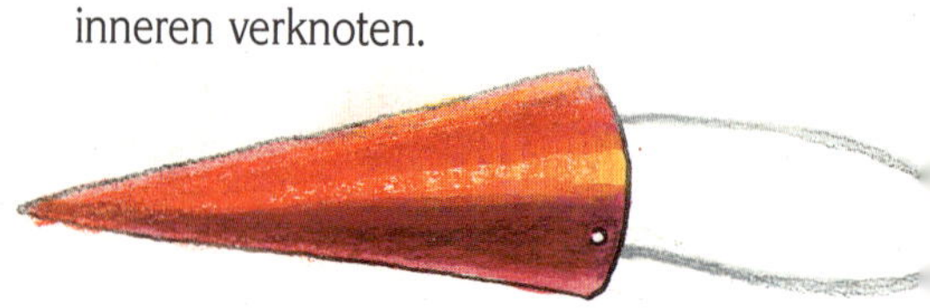

Schnurrbartnase

Am Grundnasenmodell einen Bart nach Wunsch befestigen. Bartideen findest du rechts auf Seite 21.

Schnurrbart gefällig?

Du glaubst gar nicht, wie sehr du durch einen Schnurrbart dein Gesicht verändern kannst!
Probiere mehrere verschiedene Bartformen aus; du wirst verblüfft sein, welch unterschiedliche Wirkung sie haben. Außerdem sind die Bärte wirklich leicht zu basteln – Grund genug, sich gleich eine kleine Auswahl herzustellen.

Du brauchst:

schwarzes Tonpapier
Stift
Schere
Klebeband

Überlege dir ein paar Bartformen, die dir besonders gut gefallen, und zeichne sie auf Tonpapier. Zum Beispiel:

Schneide ein paar sehr kurze Streifen Klebeband ab, und rolle sie auf. Klebe jeweils zwei Röllchen auf die Rückseite eines Bartes, und probiere ihn gleich aus.

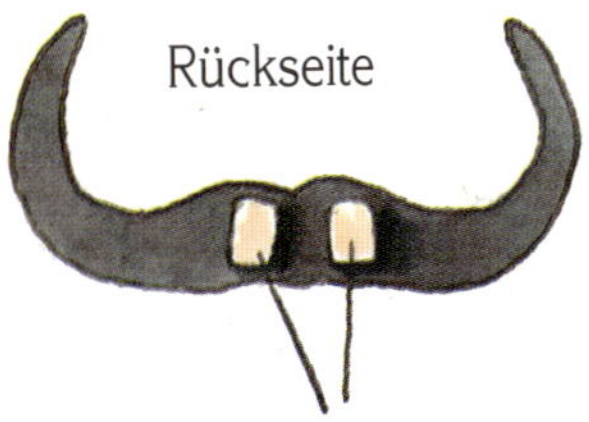

TIP: Wer ein kleines Stück schwarzes, graues oder braunes Fell auftreiben kann, der sollte seinen Bart damit bekleben. Sieht super aus! Du wirst dann aber mehrere Klebebandröllchen zum Festkleben brauchen, weil der Bart schwerer geworden ist.

Mut zum Hut!

Für einen ausgefallenen Hut brauchst du:

1 Pappteller
1 alte Zeitung
Papiermesser
Geschenkband, etwa 1 m lang
Schere
Klebstoff
Tesafilm
und jede Menge Wegwerfmaterialien wie zum Beispiel:
leere, ausgewaschene Joghurtbecher,
Papprollen,
kleine Schachteln,
gebrauchtes Geschenkpapier,
Reste von Alufolie und so weiter…

So wird's gemacht:

Lege den Pappteller mit der Wölbung nach oben auf eine dicke Zeitungsunterlage. Bringe in der Mitte des Tellers, im Abstand von etwa 4 cm, parallel zwei Einschnitte an, die so breit sind, daß du das Geschenkband durchfädeln kannst.

Mit dem Geschenkband wird der Hut am Kopf befestigt.
Nun kannst du ganz nach Laune deinen Hut bemalen und mit den Wegwerfmaterialien bekleben.

TIP: Wer keinen Pappteller hat, kann auch einen Schuhkartondeckel benutzen!

Ei, wer kommt denn da?

Bastelspaß mit Ostereiern

Das Eierausblasen

Große Kinder können das schon selber machen, kleinere lassen sich von einem Erwachsenen helfen.

Zuerst piekst du mit einer Stricknadel oben und unten ein Löchlein ins Ei. Am besten fährst du dann mit der Stricknadel mehrmals durch beide Löcher. Dadurch wird das Ei in der Schale ein kleines bißchen verquirlt, und das Ausblasen geht leichter.

Jetzt bläst du durch ein Loch kräftig ins Ei, bis der Inhalt herausfließt. Spüle das Ei vorsichtig mit lauwarmem Wasser aus, und lege es zum Abtrocknen auf ein Küchentuch.

Eierdekoration

Es gibt viele wunderschöne Arten, Ostereier zu bemalen oder zu bekleben.

Für alle Ostereier-Malarbeiten gibt es einen kleinen Trick, der das Basteln erleichtert: Das ausgeblasene Ei wird auf eine Stricknadel gesteckt und oben und unten mit einem kleinen Korkenstück fixiert.

Nun kann man das Ei bequem an einem Stricknadelende halten und dekorieren.

So werden die bemalten oder beklebten Ostereier aufgehängt:

Für diesen kleinen, aber wirkungsvollen Trick braucht man pro Ei ein halbes Streichholz und ein dünnes Bändchen.

Zuerst wird das Bändchen am Streichholz festgebunden oder festgeklebt. Dann fädelt man das Hölzchen durch das Loch am spitzen Ende des Eis ins Eiinnere. Wenn man nun den Faden vorsichtig anzieht, legt sich das Hölzchen innen quer, und man kann das Ei am Bändchen aufhängen.

Glitzereier

Hier ein etwas ungewöhnlicher Vorschlag zum Ostereierverzieren:

Du brauchst:

flüssigen Klebstoff in der Flasche
Bleistift
1 Päckchen Glimmer
(gibt's im Bastelgeschäft)

Zeichne zuerst mit Bleistift das Motiv (Osterhase, Krokus oder was immer dir gefällt) auf dem Osterei vor. Jetzt nimmst du den Klebstoff und fährst die Bleistiftlinie oder -fläche mit dem Fläschchen nach. Laß den Klebstoff ein paar Augenblicke leicht antrocknen, und wälze das Ei dann vorsichtig im Glimmer. Die Glimmerplättchen haften natürlich nur dort, wo du zuvor Klebstoff aufgetragen hast. Auf diese Weise erhältst du witzige und dekorative Ostereier.

Zitroneneier

Mit Ostereierfarben gefärbte Eier kannst du wunderschön verzieren, indem du mit Zitronensaft ein Muster aufmalst. Benutze zum Malen Wattestäbchen oder einen dünnen Pinsel. Dort, wo der Zitronensaft aufgemalt wird, hinterläßt er helle Spuren.

Spielen mit Eiern

Es gibt eine ganze Reihe verschiedener Spiele, die Kinder schon seit vielen Generationen in der Osterzeit veranstalten. Hier zwei lustige Spielideen:

Eierrollen

Jedes Kind bekommt ein hartgekochtes Ei. Von einem kleinen Hang werden die Eier hinuntergerollt. Wessen Ei die längste Strecke zurücklegt, hat gewonnen und erhält die Eier der Mitspieler als Gewinn.

Eierkampf

Zwei Kinder stehen einander gegenüber. Jedes Kind bekommt zwei Suppenlöffel. Auf jeweils einen Löffel wird ein gekochtes Ei gelegt. Mit dem anderen Löffel wird gekämpft! Das heißt: Ihr versucht, den Spielpartner so aus dem Gleichgewicht zu bringen, daß sein Ei zu Boden fällt!

Schnipseleier

Hartgekochte Eier lassen sich prima mit Seidenpapierschnipseln färben. Die verschiedenen Farben der Schnipsel verlaufen ineinander, und man erhält wunderschön marmorierte Eier.

Zuerst wird also verschiedenfarbiges Seidenpapier in Schnipselchen gerissen. Am besten legst du dir von jeder Farbe einen kleinen Vorrat an.

Nun brauchst du noch einen dicken, weichen Pinsel und ein Glas mit Wasser. Schnipsel für Schnipsel wird jetzt mit dem nassen Pinsel auf das Ei getupft. Wasche bitte jedesmal, wenn du die Schnipselfarbe wechselst, den Pinsel sorgfältig aus!

Das nasse Seidenpapier gibt seine Farbe an die Eischale ab. Ist das Ei vollständig mit Schnipseln „beklebt", läßt du es im Eierbecher trocknen.

Die Schnipselchen blättern nach einer Weile von alleine ab; du kannst aber nachhelfen und das Papier behutsam vom Ei schälen. Fertig marmorierte Eier werden am Schluß noch mit etwas Speiseöl und einem weichen Läppchen zum Glänzen gebracht.

Das Zauber-Ei

Du brauchst:

1 Ei
Klebeband
Klebstoff
1 EL Bleikügelchen vom Gardinenbleiband (gibt's im Stoffgeschäft oder Kaufhaus)

Vorbereitung:

Blase das Ei aus, und wasche die Eischale vorsichtig innen und außen. Klebe dann das Ausblaslöchlein am unteren, dickeren Eiende mit Klebeband zu!

So wird „gezaubert":

Gib etwas Klebstoff durch das Ausblasloch in das Ei. Der Klebstoff soll sich am unteren, dickeren Eiende ansammeln. Fülle dann vorsichtig die Bleikügelchen in die Eischale. Sie sollen im unteren Eiende festkleben.
Ist das gelungen, hast du so eine Art Stehaufmännchen hergestellt. Wie auch immer du das Ei kippst, es wird stets in seine ursprüngliche aufrechte Lage zurückschaukeln.

Mit so einem aufrecht stehenden Ei kannst du auch weiterbasteln:

Das Eischalenväschen

Vergrößere das obere Ausblasloch ein bißchen! Gieße vorsichtig Wasser in das Ei, und stelle ein paar Blümchen in die Vase. Eine nette Überraschung für ein Geburtstagskind oder als Tischdekoration fürs Sonntagsfrühstück.

Das Stehaufmännchen

Male deinem Ei ein lustiges Gesicht auf, und klebe Arme aus Papierstreifen an. Nun kannst du noch Kleider aufmalen, Haare aus Wollfäden ankleben oder dem Männchen einen Hut aufsetzen!

Nur Geduld!

Murmellabyrinth

Du brauchst zum Basteln:

einige Papp- oder Tonpapierstreifen
Schere
Zettel und Bleistift
1 flache kleine Schachtel oder
1 Schachteldeckel
Filzstift
Klebstoff
Plakafarbe oder Wachsmalstifte
und zum Spielen: 1 kleine Murmel oder
Holzperle

Vorbereitung:

Schneide aus Pappe einige Streifen zurecht, die genauso hoch sind wie deine Schachtel. Dann zeichnest du das Labyrinth am besten erst mal auf einen Zettel auf. Wie soll die Kugel vom Start zum Ziel rollen?
Welche Hindernisse oder Irrwege kannst du einbauen?
Probiere ruhig erst ein bißchen herum. Es soll ja nicht zu einfach werden!

So wird's gemacht:

Wenn du weißt, wie dein Labyrinth aussehen soll, überträgst du den Plan mit dickem Filzstift in deine Schachtel. Überall dort, wo du eine Linie gezogen hast, klebst du senkrecht einen Pappstreifen ein. Laß den Klebstoff gut trocknen, und bringe, wenn du willst, über einzelnen Strecken noch ein Pappdach an. Auf diese Weise entstehen richtige kleine Tunnels in deinem Labyrinth – so wird das Spiel noch spannender!
Bei Start und Ziel bohrst du jetzt noch je ein Loch durch die Schachtelwand, durch das deine Murmel hindurchpaßt.
Nun kannst du probeweise eine Murmel durch das Startloch stecken und sie durch Hin- und Herkippen des Kartons durch das Labyrinth bis zum Ziel leiten. Wenn du dabei Stellen entdeckst, die du verändern möchtest, kannst du das jetzt noch tun.
Dann wird das ganze Labyrinth angemalt. Ob du Plakafarben oder Wachsmalkreiden benutzt, entscheidest du natürlich du.

Geduld in Dosen

Du brauchst:

Vorbereitung:

Damit dein Geduldsspiel nicht „Nivea“ oder sonst irgendwie heißt, wäre es toll, wenn du die Cremedose außen „verkleidest“. Du kannst sie mit Papier oder Stoff bekleben oder auf folgende Art verschönern.
Du brauchst dazu dünne Kordel oder Schnur. Streiche den unteren Teil der Dose mit Klebstoff ein, und wickle die Kordel von unten nach oben um die Dose.

Den Dosendeckel beklebst du auf die gleiche Art. Beginne in der Mitte, und führe die Kordel immer rundherum.

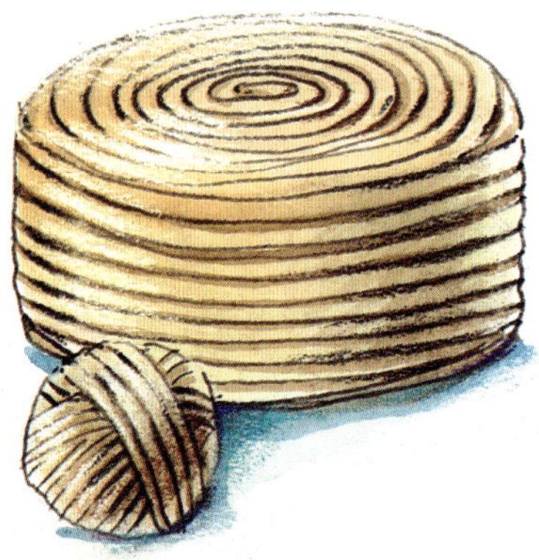

TIP: So eine hübsch verkleidete Dose eignet sich auch prima zur Aufbewahrung von Schmuckstücken (siehe Seite 48 und 55)!

Das Geduldsspiel

Beklebe den Bierdeckel mit einem Stück einfarbigem Papier. Zeichne mit Bleistift Kreise für die Löcher in einer bestimmten Anordnung darauf.
In diesen Löchern sollen später die Kugeln liegen können. Achte daher darauf, daß du sie nicht zu nahe aneinandersetzt!
Beispiele:

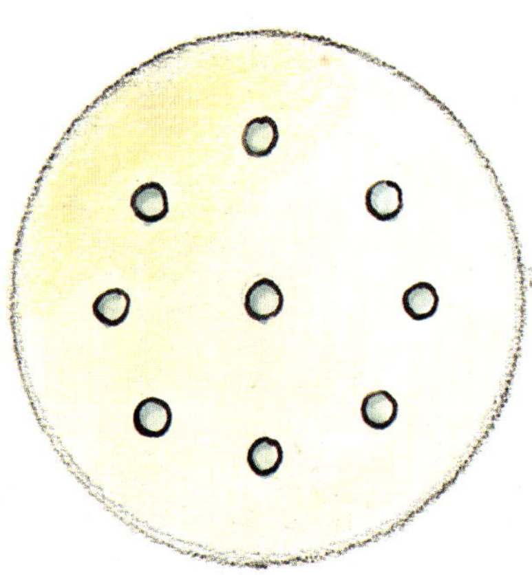

oder

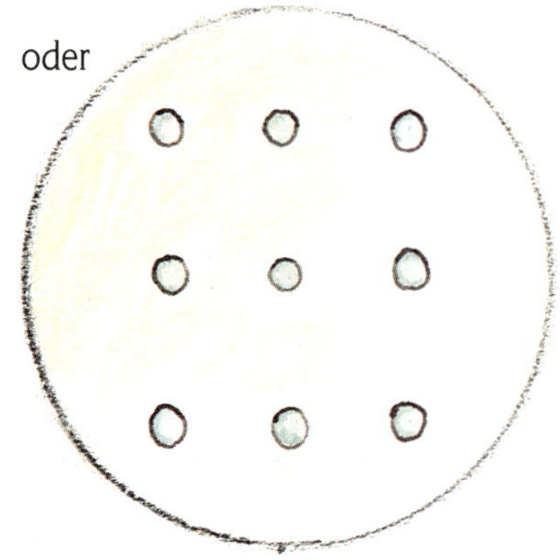

oder

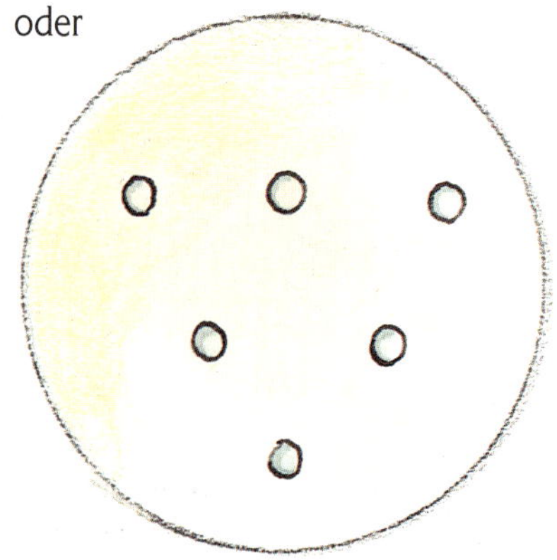

Nimm jetzt einen Nagel, und stich die vorgezeichneten Löcher vorsichtig in den Bierdeckel. Eventuell mußt du sie noch mit einer dicken Stricknadel erweitern. Probiere aus, ob die Kugeln bequem Platz haben!
Klebe den Bierdeckel in den Dosenboden, und gib die Holzkugeln hinein. Viel Spaß beim Spielen!

TIP: Willst du das Geduldsspiel verschenken? Dann ist es natürlich toll, wenn du die Löcher so anordnest, daß sie den Anfangsbuchstaben des Beschenkten bilden. Für die Franziska sähe das so aus:

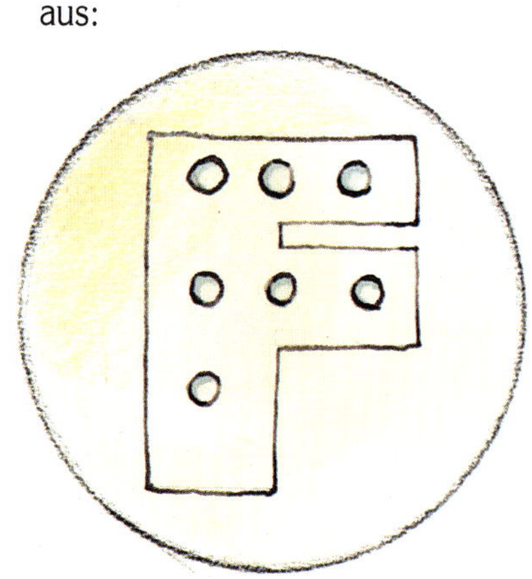

Male den Buchstaben erst mit Bleistift vor, und überlege, wo die Kugellöcher hinkommen sollen. Male den Buchstaben dann mit Filzstift aus, und stich die Löcher ein.

Bauklötze zum Staunen

In beinahe jeder Schreinerei kannst du, wenn du freundlich fragst, Abfallholz geschenkt bekommen.
Zu Hause breitest du die Beute aus und suchst die Holzstücke heraus, die sich als Bauklötze besonders gut eignen. Wenn nötig, kannst du rauhe Flächen und Kanten noch mit Sandpapier abschleifen.
Male die Hölzer in bunten Farben an. Plakafarbe ist dazu gut geeignet. Wenn du willst, kannst du die Bauklötze auch mit einer dünnen Schicht Klarlack überziehen.
Mit Bauklötzen läßt es sich wunderbar spielen. Und sage ja niemand, Bauklötze seien nur etwas für Kleinkinder! Es kommt einfach darauf an, was man daraus macht: Burgen, Paläste, ja sogar ganze Städte kann man damit bauen!
Zum Aufbewahren der Bauklötze suchst du dir eine entsprechend große Kiste, oder du nähst nach der Anleitung auf Seite 43 einen riesigen Bauklötzesack.

Das Steckspiel

Besitzt du ein altes Kartenspiel, mit dem du nicht mehr gerne spielst? Oder gibt es bei euch vielleicht ein Kartenspiel, zu dem einige Karten fehlen?
Das wäre toll, denn du könntest dir daraus blitzschnell ein Steckspiel basteln.
Wenn du kein altes Kartenspiel auftreiben kannst, dann schneide Kärtchen aus Karton aus, oder verwende statt dessen DIN-A7-Karteikarten.
Jede Karte bekommt vier Einschnitte, mit denen man die Karten später aneinanderstecken kann. So lassen sich Türme, Häuser und Raumschiffe aus Karten bauen.
Je mehr Karten du hast, um so interessanter werden die Bastelprodukte!

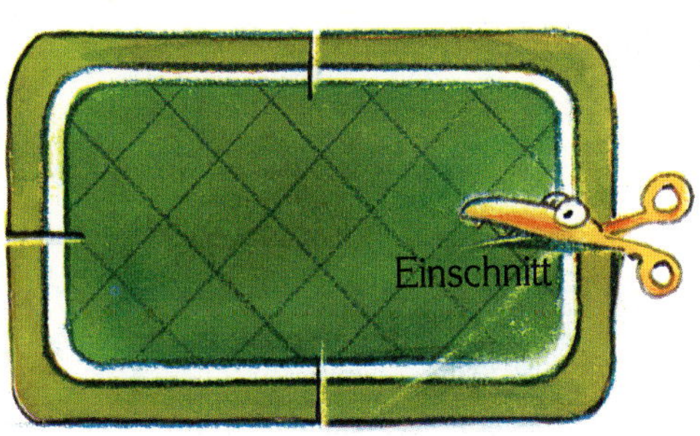

Die Kerzenschaukel

Eine Kerzenschaukel besteht aus:

1 dünnen Stricknadel
1 Korken und 1 dicken Nähnadel
2 gleich langen Kerzen, zum Beispiel Christbaumkerzen
2 gleich hohen Gläsern, Bechern oder ähnlichem
Blechtablett oder Alufolie

So wird's gemacht:

Bohre die Stricknadel der Länge nach durch den Korken. Die Nähnadel wird quer durch den Korken gesteckt. Das sieht so aus:

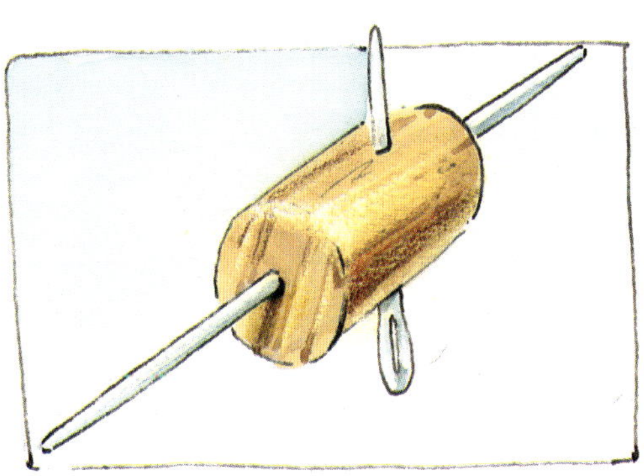

Und jetzt geht es nur im Beisein eines Erwachsenen weiter! Stecke auf jedes Ende der Nähnadel eine Kerze. Vielleicht mußt du die Nähnadel kurz über einer Flamme erhitzen. Die Kerzen lassen sich dann leichter auf die heiße Nadel stecken.
Stelle zwei gleich hohe Gläser auf ein Blechtablett oder auf Alufolie, und setze das Korkengebilde darauf.
Zünde die Kerzen an, warte kurze Zeit – und staune! Die Kerzen fangen an, im gleichmäßigen Rhythmus zu schaukeln.

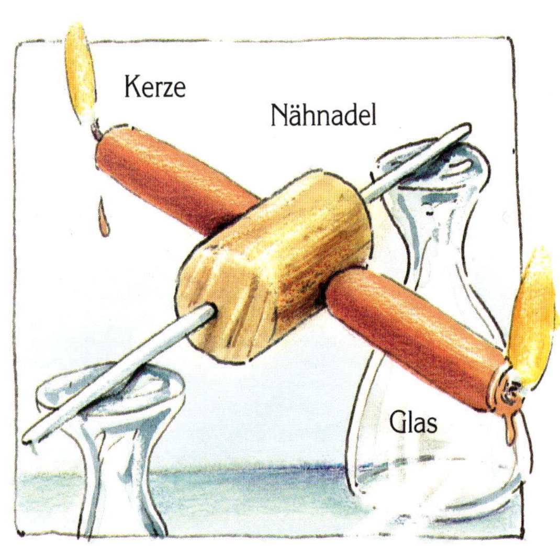

Konfettibilder

Du brauchst:

nicht zu breiten Klebestift
1 Blatt weißes oder farbiges Tonpapier
altes Zeitungspapier
glänzende Bastelfolie oder Buntpapier
Locher

So stellst du die Konfetti her:

Nimm einen Locher und viele bunte Reste von Buntpapier oder Bastelfolie. Gelocht wird, bis der Vorratsbehälter des Lochers prall gefüllt ist. Dann öffnest du den Behälter vorsichtig und schüttest die Konfetti in eine Schachtel.
Konfetti, die nach dem Basteln übrig sind, schüttest du wieder in die Schachtel zurück für die nächsten Konfettibilder!

Mit dem Klebestift malst du ein Bild auf ein Zeichenblatt oder auf ein Stück farbiges Tonpapier. Suche dir eine ganz einfache Form aus, wie vielleicht einen Stern oder ein Herz, einen Fisch oder eine Blume.
Fertig? Dann legst du das Bild auf einen großen Bogen Zeitungspapier und streust die Konfetti darüber. Dort, wo sich Klebstoff befindet, bleiben die Konfetti haften. Die übrigen fallen herab auf die Zeitung, wenn du das Bild vorsichtig hochhebst und sanft pustest.

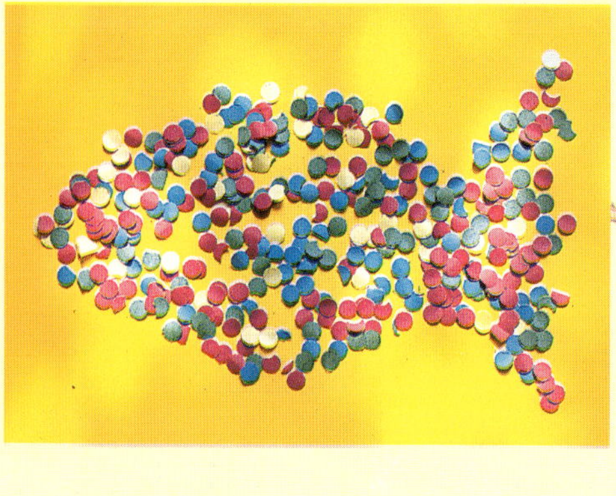

Die Hausmäuse

Du brauchst:

für die Mäuse: siehe Seite 29
Buntstifte
2 Schächtelchen, zum Beispiel Seifenschachteln
Schere
Buntpapier
Klebstoff
1 Schuhkartondeckel
und viel Geduld!

Bastle zuerst die beiden Hausmäuse. Die Anleitung dazu findest du auf Seite 29 („Mäuseroulette"). Male die Ohren der einen Maus gelb, die der anderen Maus rot an!
Schneide von beiden Schachteln den Boden ab und dann jeweils an der Breitseite eine Tür hinein, die so groß ist, daß eine Maus bequem hindurchpaßt.
Beklebe, entsprechend der Farbe der Mäuseohren, ein Haus mit gelbem Papier, das andere mit rotem.

Lege jetzt den Schuhkartondeckel mit der offenen Seite nach oben auf den Tisch, und klebe die Häuschen jeweils an einer Schmalseite in den Deckel.

Setze die beiden Mäuse in die Mitte des Deckels, und versuche nun, durch Hin- und Herbewegen des Deckels die Mäuse in ihre Häuschen zu dirigieren.

Die Spielewerkstatt

Mäuseroulette

Für sechs Mäuse brauchst du:

Für die Mäuserennbahn brauchst du:

pro Maus 1 Murmel
1 Brett und
1 Unterlage, zum Beispiel einen Stapel Bücher, um das Brett in eine abschüssige Rennbahn zu verwandeln

So werden die Rennmäuse gebastelt:

Öffne die drei Walnüsse sehr vorsichtig, damit die Schalen nicht kaputtgehen. Laß dir dabei von einem Erwachsenen helfen. Höhle die Walnußhälften vorsichtig aus.
Nun schneidest du aus Papier sechs Mäuseohrenpaare aus. Vergiß nicht, daß jedes Ohr auch einen kleinen Steg braucht, mit dem man es dann auf der Walnußschale festkleben kann.

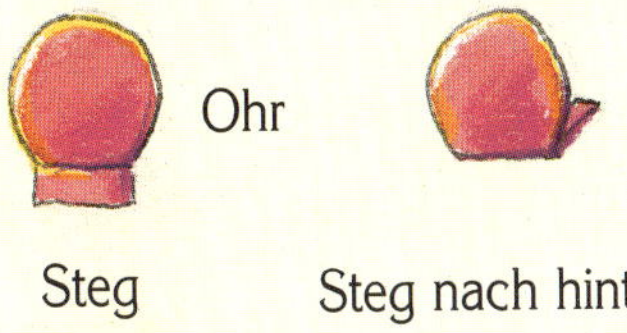

Die Ohren werden mit Hilfe der Stege festgeklebt.

Halt! Bevor du die Ohren festklebst, malst du jedes Ohrenpaar mit Filzstiften in einer anderen Farbe an. Das ist wichtig, damit man die Mäuse später anhand ihrer Ohrenfarbe unterscheiden kann.

Male dann mit einem schwarzen Filzstift die Mäuseaugen und -schnäuzchen auf. Ein Stückchen Schnur oder Wollfaden wird als Schwanz im Inneren der Nußschale festgeklebt.

Und jetzt wird gespielt:

Jedes Mäuschen wird auf eine Murmel gesetzt und wartet am Start auf den Beginn des Mäuseroulettes.
Nun geht's los! Zuerst darf sich jedes Kind eine Maus aussuchen, von der es glaubt, daß sie am allerschnellsten im Ziel ankommen wird.
Jeder Mitspieler setzt ein Bonbon (oder ein Steinchen, einen Pfennig oder irgend etwas anderes) auf „seine" Maus. Dann wird's spannend. Ein Spielleiter, also ein Kind, das nicht mitsetzen darf, schubst die Mäuse gleichzeitig an, und die flitzen mit Hilfe ihres Murmelmotors auch gleich los.
Wer auf die Siegermaus gesetzt hat, erhält alle eingesetzten Bonbons als Gewinn.
Wäre dieses Spiel nicht auch eine tolle Idee für dein nächstes Kinderfest?

Die Kegelbrüder

Neun kleine Kegelbrüder, einer lustiger als der andere, freuen sich auf eine fetzige Kegelpartie mit dir.

Du brauchst:

9 Weinflaschenkorken
Sägemesser
Stricknadel
9 Wattebällchen (du kannst auch Papierkugeln verwenden)
5 Zahnstocher
flüssigen Klebstoff
Filzstifte
Wollfäden
Draht
Papierschnipsel oder Stoffreste
Murmel oder Vollgummiball

Vorbereitung:

Damit die Kegelbrüder auch wirklich gut stehen, mußt du die Korken vielleicht am dickeren Ende etwas abflachen. Nimm ein Sägemesser dazu, achte aber auf deine Finger!
Bohre erst mit einer dünnen Stricknadel ein Loch in das obere, etwas schlankere Ende eines jeden Korkens und dann eins in eine Seite jedes Wattebällchens.

So wird gebastelt:

Zerbrich jeden Zahnstocher in zwei Hälften. Gib etwas flüssigen Klebstoff auf das eine Ende einer Zahnstocherhälfte, und pikse es in das vorbereitete Loch des Korkens.
Das Ganze machst du neunmal – mit jedem Korken einmal. Die Zahnstocher sollten noch etwa 1 cm weit aus dem Korken herausschauen. Gib jetzt immer auf die andere Zahnstocherhälfte einen Tropfen flüssigen Klebstoff, und schiebe das Wattebällchen darauf.

So, nun hast du neun kleine Kegelbrüder. Jetzt geht es ans Ausschmücken: Male zuerst auf jeden Korken mit dickem Filzstift eine Ziffer von 1–9! Klebe dann lustige Gesichter auf die Watteköpfe. Bestehen die Köpfe aus Papierkugeln, kannst du sie auch mit Filzstiften bemalen.

Wie die Sache jetzt weitergeht, liegt ganz bei dir! Aus Wollfäden kannst du den Kegelbrüdern Haare zurechtschneiden und ankleben, oder du bastelst winzig kleine Hütchen. Wer will, kann sogar eine Brille aus einem Stück Draht zurechtbiegen! Mit Papierschnipseln oder Stoffresten lassen sich die Brüder außerdem ganz nach Geschmack verzieren oder verkleiden.

Und so spielst du:

Gekegelt wird mit einer dicken Murmel oder einem kleinen Vollgummiball.
Stelle die Kegelbrüder auf eine glatte Fläche, und laß die Kugel aus einer angemessenen Entfernung auf die Brüder zusausen.

Wie viele Kegelbrüder sind umgefallen? Versuche, deinen persönlichen Rekord aufzustellen! Wie oft mußt du die Kugel schieben, damit alle Kegel umfallen?

TIP: Ein hübsch verpacktes Kegelspiel ist auch ein tolles Geschenk!

Schmetterlingsfächer

Zu einem Spiel für zwei Personen gehören zwei Fächer und zwei Schmetterlinge.
Gespielt wird im Freien. Beide Spieler stehen sich im Abstand von etwa zwei Metern gegenüber, jeder hält einen Fächer in der Hand.
Ein Spieler wirft einen Schmetterling hoch in die Luft, und dann beginnt der Kampf gegen die Schwerkraft. Während der Schmetterling – zum Glück sehr langsam – immer nach unten segelt, müßt ihr, du und dein Spielpartner, mit euren Fächern dagegen arbeiten und dem Schmetterling immer so viel Wind machen, daß der eher nach oben schwebt als nach unten.
Ein lustiges Spiel, das ist klar, aber anstrengend ist es auch!
Sollte euch das Spiel jemals zu langweilig werden, tritt der zweite Schmetterling in Aktion. Das heißt: Nun schweben zwei bunte Falter in der Luft, die keinesfalls den Boden berühren dürfen.
Vor dem Spielspaß steht aber erst einmal der Bastelspaß!

Du brauchst:

2 DIN-A4-Blätter
Klebstoff
2 Stückchen Seidenpapier (etwa 12 × 12 cm) oder 2 einzelne Lagen eines Papiertaschentuches
2 Bändchen oder Wollfäden, etwa 10 cm lang

Zuerst sind die Fächer an der Reihe:
Jeder Fächer besteht aus einem DIN-A4-Blatt, das der Länge nach wie eine Ziehharmonika gefaltet wird:

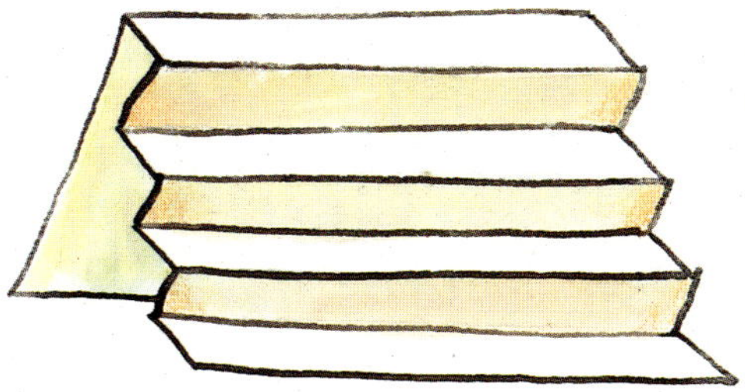

Der Fächer wird dann noch einmal in der Mitte gefaltet, und die aneinanderstoßenden Falten werden zusammengeklebt.

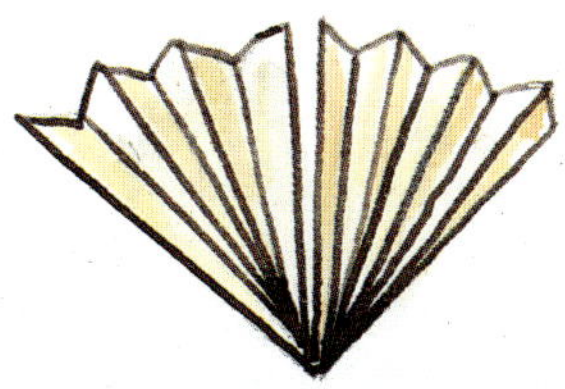

Hier zusammenkleben.

Auf die gleiche Weise wird der zweite Fächer für den Mitspieler gebastelt.
Dann braucht ihr noch die beiden Schmetterlinge. Nimm dazu jeweils ein quadratisches Stück Seidenpapier oder eine Lage von einem Papiertaschentuch. Zwicke das Papier in der Mitte zusammen, und binde ein Bändchen um diese Stelle.

Hier zusammenbinden.

So, nun kann das Schmetterlingsfächerspiel beginnen!
Übrigens: Solltest du einmal keinen Mitspieler auftreiben können, kannst du natürlich auch alleine spielen!

Zahlentrampolin

Du brauchst:

So wird gebastelt:

Zeichne auf dem Spielplan aus stabilem Karton 16 Felder mit Zwischenräumen ein. Jedes Feld sollte etwa 5 × 5 cm groß sein, also genauso groß wie die Spielkärtchen aus Karton.

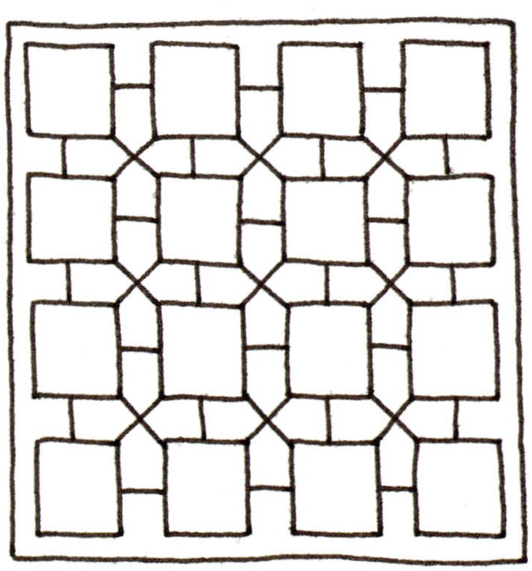

Zeichne auch die Verbindungslinien ein, so, wie du es auf der Abbildung siehst.

Schneide 15 Spielkärtchen aus der dünneren Pappe aus, und beschrifte sie beliebig mit Ziffern von 1–9.

1	1	1	2
2	2	3	3
3	4	4	4
5	5	5	6

So wird gespielt:

Lege den Spielplan auf den Tisch und alle Zahlenkärtchen daneben, mit der Beschriftung nach unten.
Abwechselnd darf jeder Spieler ein Kärtchen aufnehmen und umgedreht, also mit der Zahl nach oben, auf ein beliebiges Feld des Spielplans legen. Da es 16 Spielfelder, aber nur 15 Zahlenkärtchen gibt, bleibt ein Feld leer.
So könnte das Spielfeld vor Spielbeginn aussehen:

2	4	1	2
4	6	3	5
1	3	2	1
3		5	3

Dann geht's los:
Ein Spieler nimmt ein Kärtchen und springt damit über ein anderes Kärtchen auf das freie Feld.
Gesprungen wird entweder waagrecht, senkrecht oder diagonal. Das Kärtchen, das übersprungen wurde, darf der jeweilige Spieler vom Feld nehmen und zur Seite legen.
Am Schluß des Spieles zählt jeder Spieler die Zahlen auf den Kärtchen, die er ergattern konnte, zusammen. Wer die höchste Gesamtsumme hat, ist Sieger.

Beispiel:

Beim ersten Sprung gibt es folgende drei Möglichkeiten:

Der Spieler könnte mit dem Kärtchen [5] auf das freie Feld springen und das übersprungene Kärtchen [2] einstecken.

Der Spieler springt senkrecht mit der [6] auf das freie Feld und behält das Kärtchen [3].

Der Spieler springt mit der [3] auf das freie Feld und nimmt das Kärtchen mit der [5] aus dem Spiel.

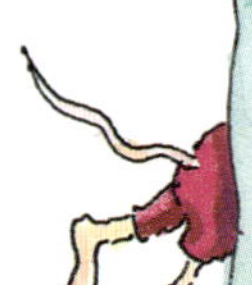

Klar, daß der letzte Sprung im Beispiel der beste ist, da der Spieler 5 Punkte auf seine Seite bringt. Aber natürlich wären auch die beiden anderen Sprünge erlaubt.
Das Spiel ist zu Ende, wenn kein weiterer Sprung mehr ausgeführt werden kann. Jeder Spieler zählt jetzt die Punkte auf seinen Kärtchen zusammen, und schon steht der Sieger der ersten Spielrunde fest.

Willi, ein Freund zum Selbernähen

Willi ist ein prima Kumpel. Immer fröhlich und niemals beleidigt, selbst wenn du ihn durch die Luft schleuderst oder ihn zusammengewurstelt als Kopfkissen benützt. Unser Willi – wenn du willst, kann es natürlich auch eine Wilhelmine sein – ist übrigens fast so groß wie du und kann deshalb auch deine alten Kleider tragen. Du mußt die einzelnen Körperteile nur noch gut ausstopfen – mit alten Strümpfen, Wolle oder Perlonstrümpfen, mit Stroh, Schaumgummistücken oder Zeitungen. Und schon ist der Kuschel-und-Knautsch-Willi fertig.

Und hier ist Willi:

Neues aus der Unterwelt

Die Kartoffelpistole

Du brauchst:

1 alten, ausgetrockneten Filzstift
Zange
Sägemesser oder Laubsäge
1 Schraube, etwa zwei Drittel so lang wie die Filzstifthülse
1 Kartoffel
Messer

Ziehe mit der Zange das hintere, abgerundete Stiftchen aus dem Filzstift, und entferne den farbigen Filzstreifen aus dem Inneren. Schneide mit dem Sägemesser oder mit der Laubsäge die Spitze des Stiftes ab.

Hier absägen.

Stift mit einer Zange herausziehen.

Suche dir passend zu der Plastikhülse eine Schraube aus, die man gerade so in das Rohr hineinschieben kann. Wenn du nur einen Nagel findest, bitte einen Erwachsenen, die Spitze abzufeilen.

Schneide die Kartoffel in etwa ½–1 cm breite Scheiben. Drücke das untere Ende der Hülse in eine Kartoffelscheibe, und stanze so ein Stückchen heraus, das haargenau in die Hülsenöffnung paßt. Schiebe das Kartoffelstückchen nach hinten, und stanze ein zweites Stück aus, das du am unteren Ende der Hülse als Pfropfen stecken läßt. So sieht die „geladene" Pistole jetzt aus:

Die Schraube schaut aus der Hülse heraus.

Wenn du die Schraube jetzt mit einem Ruck in die Hülse schiebst, wird die Luft zwischen den beiden Kartoffelstücken zusammengepreßt, bis das untere Stück mit einem hörbaren Knall davonfliegt.
Zum erneuten Laden mußt du mit dem vorderen Hülsenteil bloß wieder ein Kartoffelstückchen ausstechen, und schon ist die Kartoffelpistole wieder geladen.
So eine Kartoffelpistole ist eine richtige Gangsterwaffe. Ziele deshalb niemals auf Menschen und Tiere!

TIP: Die Plastikhülse und die abgefeilte Schraube kannst du selbstverständlich auch durch andere Dinge ersetzen. Als Hülse eignet sich beispielsweise ein Stück eines Hollunderastes, dessen Mark du vorsichtig entfernst. Statt der Schraube kannst du ein Rundholz benutzen, das du zur passenden Länge absägst.

Der Taschengeld-Aufbesserungs-Geldbeutel

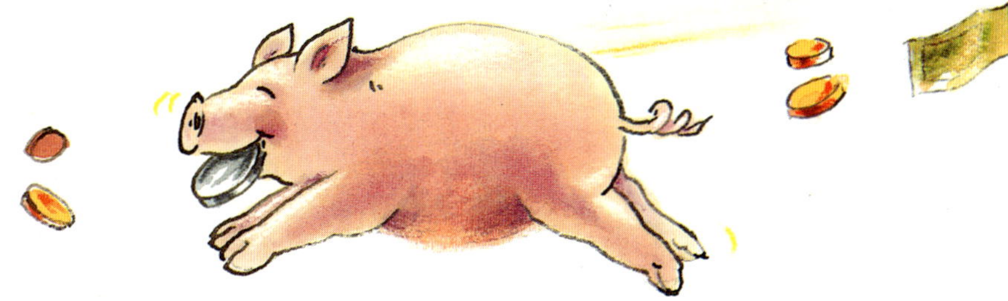

Wer sowieso schon viel zuviel Taschengeld bekommt und gar nicht mehr weiß, was er damit tun soll, der liest am besten gar nicht weiter und sucht sich lieber etwas anderes zum Basteln aus. Allen anderen Kindern aber sei hiermit das Geheimnis des Taschengeld-Aufbesserungs-Geldbeutels verraten:

Du brauchst ein Blatt Papier, das haargenau halb so breit wie lang ist. Also, wenn das Papier 30 cm lang ist, muß es – na? genau! – 15 cm breit sein.

Falte den Geldbeutel nach der Anleitung rechts.

Wenn du den Geldbeutel jetzt genau betrachtest, fallen dir bestimmt die beiden gleichen Öffnungen auf – und das ist auch schon der Trick.

Erzähle Mutter, Vater, der reichen großen Schwester, Tante Gerda, Onkel Fred, dem Lehrer (!) und allen anderen Wesen, von denen du annehmen kannst, daß sie zuviel Geld besitzen, von deiner besonderen Fähigkeit, Münzen (bei Millionären dürfen es auch Scheine sein) in nichts auflösen zu können.

Das glaubt dir natürlich niemand; bestimmt will sich der Gefragte aber von deiner Kunst überzeugen. Du bittest also um eine Münze und steckst sie in eine Öffnung deines Geldbeutels. Laß den Zuschauer ruhig in den Geldbeutel hineinschauen, damit er sich überzeugen kann, daß sich die Münze tatsächlich im Geldbeutel befindet.

Nun schließt du die Augen, murmelst allerlei Beschwörungsformeln, und siehe da, die Münze ist verschwunden! Denn du zeigst deinem Opfer natürlich das leere Fach …

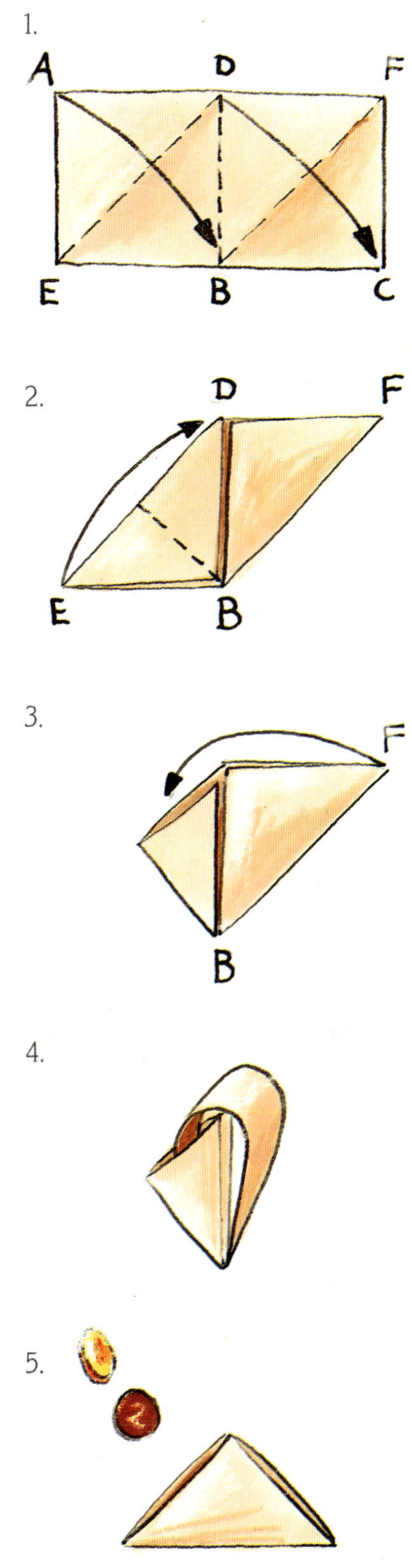

Verzauberte Schachteln

Hast du Lust, deinen Eltern, Geschwistern oder Freunden ein Zauberkunststück vorzuführen?
Hier ist ein Zaubertrick, der so einfach ist – und trotzdem werden die Zuschauer nicht so leicht hinter dein Geheimnis kommen.

Du brauchst:

3 leere Streichholzschachteln
kleine Nägel, Reißnägel oder Steinchen zum Klappern
Buntpapier
durchsichtiges Klebeband
Schere
Klebstoff
1 Gummiband

Öffne eine Streichholzschachtel, und gib so viele Nägel, Reißnägel oder Steinchen hinein, daß sie tüchtig aneinanderklappern, wenn du die Schachtel schüttelst.
Wickle dann alle drei Schachteln (zwei davon sind leer) in Buntpapier ein, das du fest zuklebst. Die Schubladen sollten sich nicht mehr öffnen lassen.
Zum Vorführen ziehst du ein langärmeliges Hemd oder einen Pullover an und befestigst die Klapperschachtel heimlich mit einem Gummiband an deinem rechten Unterarm.
Lege die anderen beiden Schachteln auf den Tisch. Sind die Zuschauer anwesend, nimmst du mit der linken Hand nacheinander die beiden Schachteln hoch, schüttelst, und siehe da: kein Geräusch. Nun schließt du die Augen, murmelst allerlei Beschwörungsformeln, nimmst dann eine Schachtel in die rechte Hand, schüttelst – und es klappert!

Toll! Die Zuschauer sind verwundert!
Schüttle nun die Schachtel, die gerade geklappert hat, mit der linken Hand, und wieder wird kein Geräusch zu hören sein. Es scheint wie verhext! Nun klappert die andere Schachtel, was die Zuschauer wundert und vermutlich dazu bringen wird, die Schachteln selbst aufzunehmen und zu schütteln.
Aber nur du verfügst über Zauberkräfte und kannst abwechselnd, gerade wie es dir gefällt, erst die eine, dann die andere Schachtel zum Klappern bringen.

ACHTUNG: Treib dieses Spielchen nicht zu lange, sonst kommt vielleicht doch noch jemand auf die Idee, deinen Ärmel zu untersuchen. Außerdem mußt du sofort nach dem Zauber das Gummiband vom Arm nehmen. Es schnürt dir sonst den Arm ab!

Die Geheimbotschaft

Eine Geheimbotschaft ist natürlich nur so lange sicher, wie kein Unbefugter hinter den Geheimkode kommt.
Die folgende Geheimschrift ist bestimmt von keinem „Feind“ zu entziffern, vorausgesetzt, der Dekodierungsbogen fällt nie in seine Hände.

Du brauchst für dich und deinen Freund:

2 Blatt stabiles Tonpapier DIN A4
Schreibmaschinenpapier DIN A4
Lineal
Bleistift
alte Zeitungen
Papiermesser

Zeichne auf dem Tonpapier an beliebigen Stellen 20 Quadrate (1 cm Seitenlänge) auf. Verwende das Lineal, damit die Quadrate auch exakt sind.
Lege das Tonpapier auf eine Unterlage aus mehreren alten Zeitungen, und schneide mit dem Papiermesser die Quadrate aus.

Lege das Tonpapier mit den ausgeschnittenen Fenstern auf das zweite Blatt, fahre die Fenster exakt mit dem Bleistift nach, und schneide dann auch die Fenster im zweiten Dekodierungsbogen mit dem Papiermesser aus.
Lege zur Sicherheit die beiden Bögen noch einmal aufeinander. Sind die Fenster haargenau gleich?
Wenn nötig, kannst du jetzt noch kleine Fehler korrigieren.
Knicke die obere linke Ecke beider Bögen ein, damit ihr später immer wißt, wie herum der Dekodierungsbogen angelegt werden muß.
Wenn du eine Geheimbotschaft schreiben möchtest, legst du den Fensterbogen auf eine gleich große Seite weißes Schreibmaschinenpapier und trägst die Botschaft Buchstabe für Buchstabe von links nach rechts in die Fenster ein. Ist die Botschaft sehr kurz, dann hast du Fenster übrig und trägst einfach lauter X in die restlichen Felder ein. Besteht die Botschaft aber aus mehr als 20 Buchstaben, mußt du eine zweite Seite benutzen!
Lege das weiße Papier ganz genau unter den Dekodierungsbogen. Achte darauf, daß das Papier beim Schreiben auf keinen Fall verrutscht!
Wenn du den Fensterbogen abhebst, sieht die Botschaft zuerst so aus:

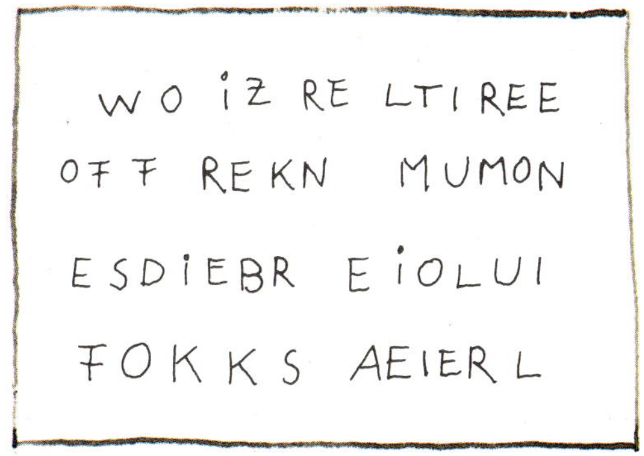

Schreibe jetzt viele andere Buchstaben dazwischen, und keiner, außer deinem Freund, wird die Nachricht lesen können!
Dieses Blatt kannst du nun ganz offen bei dir tragen und deinem Freund übergeben, denn nur er kann mit Hilfe seines Dekodierungsbogens die Geheimbotschaft wieder entschlüsseln.

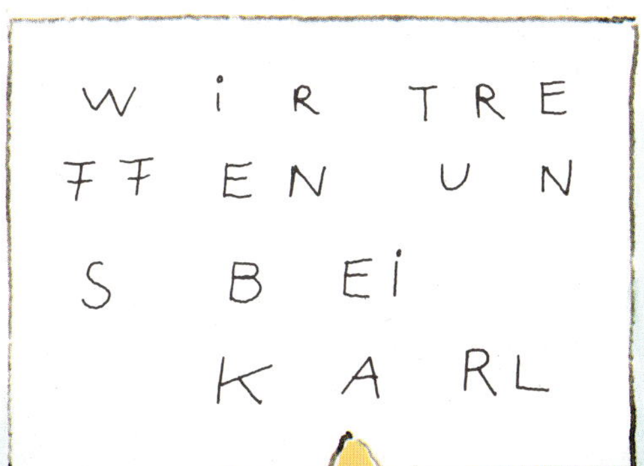

Spezialabteilung Ferienspaß

Der Sonnenhut

Du brauchst:

möglichst großes Stück dünnen Karton
großen Gegenstand mit runder Grundform, zum Beispiel eine Tortenplatte
Bleistift
Schere
kleineren runden Gegenstand, zum Beispiel einen Kuchenteller

Einen Sonnenhut zu basteln ist wirklich nicht schwer. Stelle den großen runden Gegenstand auf den Karton, und fahre mit dem Bleistift außen herum, so daß ein schöner großer Kreis sichtbar wird.

Schneide den großen Kreis aus.

Falte den Kreis in der Mitte, und lege einen Kuchenteller oder etwas ähnliches so auf den Karton, daß du einen Halbkreis aufzeichnen kannst.

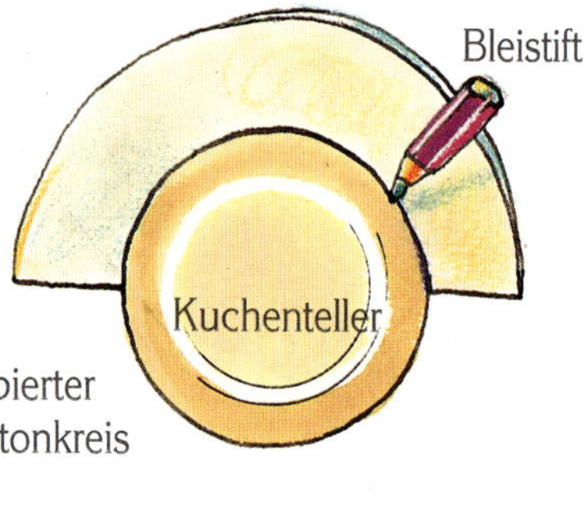

Schneide jetzt den kleineren Halbkreis aus, und du erhältst einen Ring. Setze ihn dir auf den Kopf!

Vielleicht mußt du den Innenkreis noch ein wenig nachschneiden. Probiere es aus, bis dir der Sonnenhut wirklich erstklassig paßt! Wenn du willst, kannst du den Sonnenhut noch bunt bemalen oder mit Buntpapier bekleben.

Schachteln gegen Langeweile

Wer dieses Schachtelspiel bastelt, dem wird es bestimmt nicht einmal an Regentagen langweilig!

Du brauchst:

2 bunte Bilder (etwa 12 × 15 cm)
aus Illustrierten oder selbstgemalte Bilder
8 leere Streichholzschachteln
Klebstoff
Papiermesser

So wird gebastelt:

Lege das eine Bild mit der bedruckten Seite nach unten auf den Tisch, und klebe die Streichholzschachteln in dieser Formation auf die Rückseite des Bildes.

Rückseite des Bildes

Schneide eventuell überstehendes Papier vom Bild rundherum ab.

Lege das zweite Bild mit der bedruckten Seite nach oben auf die Schachteln, und klebe es fest.
Nimm jetzt ein Papiermesser, und schneide vorsichtig die einzelnen Schächtelchen aus. Du erhältst so acht kleine Schachteln, die auf beiden Seiten mit einem Bildausschnitt beklebt sind.
Schon ist das erste Schachtelspiel fertig! Mische die Schachteln, und lege erst das eine Puzzlebild, dann das andere zusammen.
Aber natürlich bleiben die Schachteln nicht leer!

So kannst du die Schachteln füllen:

– Wie wäre es mit einem kleinen Knabberimbiß für unterwegs? Fülle drei oder vier Schächtelchen mit Nüssen, Gummibärchen oder Rosinen.
– Ein Schächtelchen kannst du mit den Zetteln für das Bingospiel füllen. Die Anleitung findest du auf Seite 40.
– Ein Schächtelchen wird mit Streichhölzern gefüllt, denen du zuvor den Zündkopf abgebrochen hast. Mit den Hölzchen versuchst du, einen möglichst hohen Stapelturm zu bauen.

– Mit Würfeln oder kleinen Murmeln läßt es sich auch prima spielen. Stecke in die Streichholzschachtel das Spielmaterial und vielleicht noch einen kleinen Zettel und einen Bleistiftstummel zum Notieren der Ergebnispunkte.
– Bastle einen kleinen Luftschlangenkreisel (Seite 17). Zerlege ihn in Kreiselscheibe und Stab, und bewahre beides in einer Schachtel auf.

Ein schnelles Püppchen

Auf langen Autofahrten kann es einem schnell langweilig werden. Wer da ein Stofftaschentuch oder ein Halstuch, ein Stück Faden oder Schnur und einen Kugelschreiber dabei hat, ist fein raus. Der kann sich oder seinen kleinen Geschwistern blitzschnell ein Püppchen zum Spielen basteln!

1. Rolle das Tuch von zwei gegenüberliegenden Seiten her auf. Die Rollen liegen etwa zwei Fingerbreit voneinander getrennt.

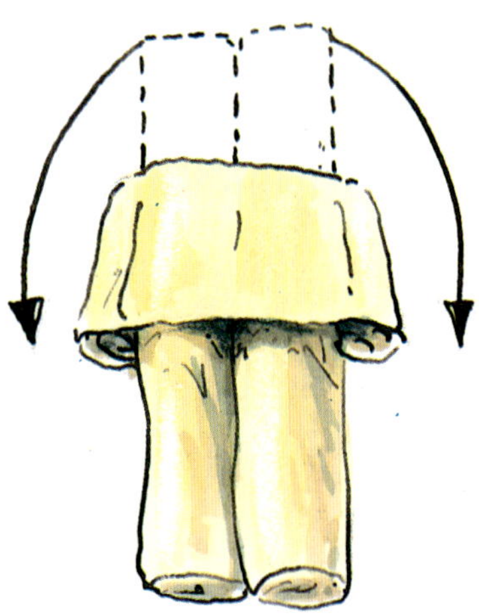

2. Schlage das obere Drittel der Doppelwurst nach unten, und lege es über die unteren Würste.

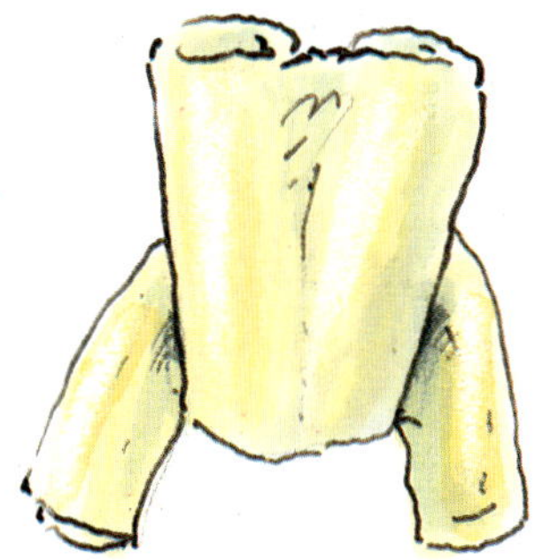

3. Lege die unteren beiden Würste nach oben. Dadurch entstehen jetzt unten die Beine.

4. Überkreuze die Arme auf dem Rücken des Püppchens, und zupfe sie so zurecht, daß du sie auf dem Rücken mit dem Körper zusammenbinden kannst.

5. Zuletzt zupfst du das Püppchen noch in Form und malst (wenn du darfst!) ein lustiges Gesicht auf.

Bingo für kleine Entdecker

Drei Zettelchen brauchst du für jeden Mitspieler. Das macht also beispielsweise für drei Spieler – na? – haargenau neun Zettel!

Nun überlegst du, welche Dinge auf der Fahrt in die Ferien immer wieder einmal zu sehen sind.

Telefonhäuschen, Kirchtürme, Briefkästen, Hunde, Tankstellen, möglicherweise auch Schilder, auf denen „Zimmer frei" oder ein H für Haltestelle steht.

Schreibe jeweils einen Begriff auf einen kleinen Zettel, und falte ihn gut zusammen. Wenn kleine Spieler mitmachen, die noch nicht lesen können, malt man die Gegenstände auf die Zettelchen. Stecke nun die Zettel in eine Streichholzschachtel.

Während der Fahrt darf jeder Entdecker wie bei einer Lotterie drei Zettelchen ziehen und gleich nachsehen, welche Begriffe darauf stehen.

So, und nun heißt es: Gut und gründlich aus dem Fenster schauen und genau aufpassen, ob man „seine" Dinge dort draußen irgendwo entdeckt.

Der Flori hat diese drei Zettelchen gezogen:

Plötzlich sieht er einen Omnibus! Er ruft sofort: „Omnibus", so daß die Mitspieler den Bus auch noch schnell sehen können. Dann darf er den Zettel „Omnibus" ablegen.

Wer zuerst alle drei Zettelchen abgelegt hat, ruft: „Bingo!" und hat gewonnen.

Der Sandkamm

Ein Sandkamm wird aus festem Karton zugeschnitten. Je nachdem, wie die Zähne des Kamms aussehen, hinterlassen sie breite oder schmale Spuren im nassen Sand. Du kannst die tollsten Muster in den Sand malen, wenn du dir gleich mehrere verschiedene Kämme bastelst.
So könnten die Sandkämme aussehen:

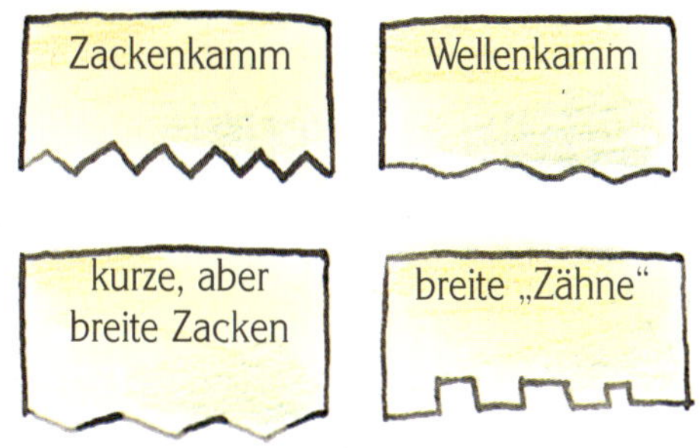

Probiere verschiedene Sandkämme aus! Bestimmt hast du selber auch tolle Ideen, wie so ein Sandkamm aussehen muß, um erstaunliche Muster zu hinterlassen!

Sonnenbrillen

Wer in die Ferien fährt, braucht eine Sonnenbrille, und eine möglichst witzige dazu, das ist klar. Aber vielleicht hast du ja solchen Spaß am Basteln, daß du gleich mehrere Brillen machst, auch für deine Geschwister und deine Freunde.

Du brauchst:

Butterbrotpapier zum Abpausen der Brillenmodelle
Bleistift
festes, buntes Papier, zum Beispiel Tonpapier
Schere
Nagel
Papiermesser
pro Brille 2 dünne Schnüre, jede etwa 40 cm lang
pro Brille 4 Pfennigstücke
Klebstoff
jede Menge Material zum Bekleben der Brillen, zum Beispiel Federn, Sternchennudeln, Glimmer, winzige Figuren von der Modelleisenbahn, eine ausrangierte Landkarte, Konfetti oder was du sonst noch findest

Drei Brillenmodelle hast du zur Auswahl. Aber natürlich kannst du jede Form ganz nach deinem Geschmack abwandeln oder die Brille größer oder kleiner machen.
Pause das Modell auf Butterbrotpapier durch, und übertrage die Form dann auf das feste Papier.

Schneide die Brille aus, und stich die Löcher links und rechts mit einem Nagel durch. Die Löcher müssen so groß sein, daß du die Schnur hindurchfädeln kannst.

Löcher mit Nagel vorsichtig durchstechen.

Brillengläser mit dem Papiermesser ausschneiden.

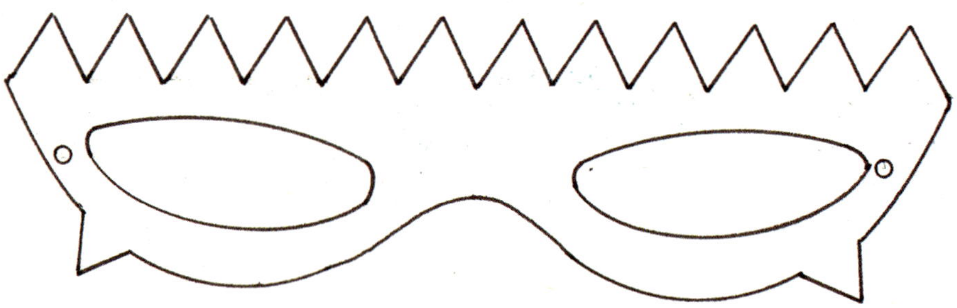

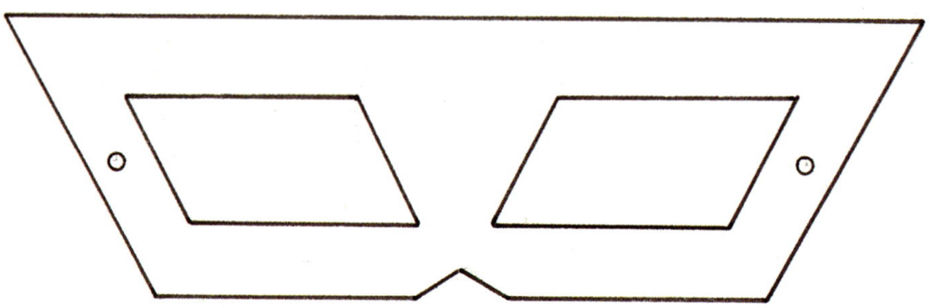

Nun verzierst du deine Brille ganz nach Lust, Laune und dem Material, das dir zur Verfügung steht.
Laß aber bitte die beiden Löcher frei! Fädle ein Schnurende durch ein Loch, und verknote das Ende am Brillengestell. Das andere Schnurende klebst du zwischen zwei Pfennigstücken fest.
Hast du das auf beiden Seiten gemacht, kannst du die Brille aufsetzen: Führe die Schnüre einmal um die Ohren herum, und laß sie dahinter herunterbaumeln.

Verknote hier ein Schnurende.

Schnur

Das zweite Schnurende klebt zwischen den beiden Pfennigstücken.

Ein Säckchen für kleine Schätze

Du brauchst:

Stoffrest
runden Gegenstand (je nach Größe des Stoffrestes), beispielsweise einen kleinen Teller
Schere, am besten eine Zickzackschere
Filzstift
Locher
dünne Kordel, Lederbändchen oder Geschenkbändchen

So wird das Säckchen geschneidert:

Suche dir, der Größe deines Stoffrestes entsprechend, einen runden Gegenstand, wie beispielsweise einen kleinen Teller, mit dessen Hilfe du einen Kreis auf dem Stoff aufzeichnen kannst.
Lege den runden Gegenstand auf den Stoff, und fahre mit dem Stift außen herum. Wenn du den Gegenstand wieder hochhebst, sollte ein deutlich sichtbarer Kreis auf dem Stoff zurückbleiben.

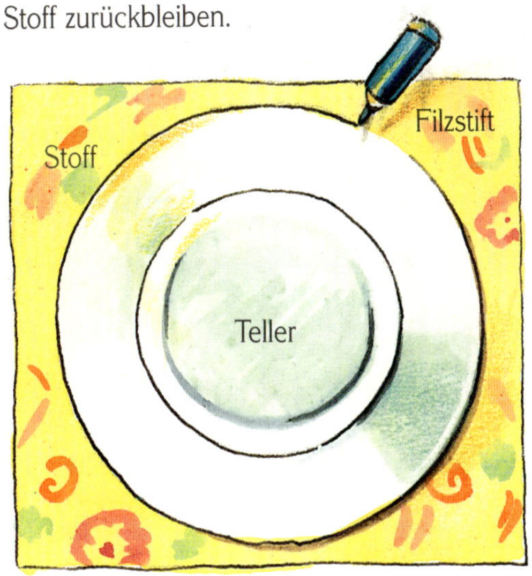

Schneide den Kreis sorgfältig aus!
Mit dem Locher werden jetzt rundherum eine ganze Reihe Löcher in den Stoff gestanzt.

Nun mußt du nur noch das Bändchen durch die Löcher fädeln, die Enden anziehen – und fertig ist das Säckchen!

Kuschelkissen für Träumer

Bist du vielleicht traurig, weil dein Lieblings-T-Shirt zu klein geworden ist?
Kein Problem! Du nähst ein Kuschelkissen daraus und kannst das T-Shirt auf diese Weise weiter benutzen. Auf langen Fahrten ist so ein weiches Kissen ein treuer, anschmiegsamer Begleiter.

So wird's gemacht:

Lege das T-Shirt flach auf den Tisch. Hefte mit Stecknadeln zuerst die untere Öffnung zusammen, danach die Ärmelöffnungen.
Nähe jetzt die Öffnungen mit kleinen, festen Stichen zu.

Öffnungen zuerst mit Stecknadeln zusammenheften.

Nun ist nur noch der Halsausschnitt offen. Fülle das Hemd zum Beispiel mit alten Strümpfen oder Strumpfhosen, mit Wolle oder mit kleingeschnipselten Schaumgummistückchen, die du im Bastelgeschäft oder im Kaufhaus bekommst.
Zum Schluß schließt du auch die Halsöffnung mit festen, kleinen Stichen – und fertig ist das Kuschelkissen.

TIP: Zum Füllen der Kissen eignen sich auch alte Perlonstrümpfe. Ein kleiner Aufruf bei Bekannten, Verwandten und Nachbarn, und du wirst staunen, wie schnell du einen Berg Perlonstrumpfhosen beisammen hast.
Natürlich mußt du die Strümpfe vor Gebrauch sauber waschen.

Unbekannte Flugobjekte

Weltraumgleiter

Du brauchst zum Basteln nur ein normales DIN-A4-Blatt. Wenn du aber willst, kannst du den Weltraumgleiter auch aus schwarzem, dünnem Tonpapier, gebrauchtem Geschenkpapier oder aus alten Straßenkarten falten.

1. Falte die rechte Ecke auf die linke Seite.

2. Knicke dann die linke obere Ecke so nach unten:

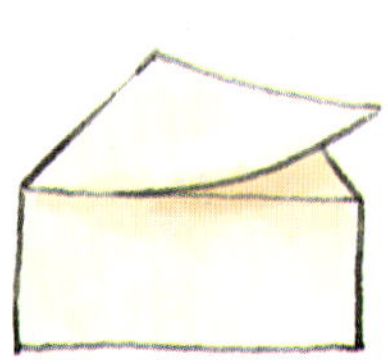

3. Falte die Arbeit in der Mitte. Streiche die Faltlinie glatt, und öffne die Arbeit wieder. Sie sieht jetzt so aus:

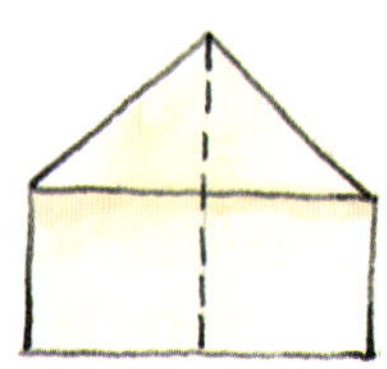

4. Nun werden die Seiten nach innen zur Mittellinie gefaltet.

5. Knicke die Spitze nach unten, und die Faltarbeit sieht so aus:

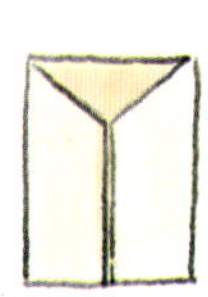

6. Falte die Arbeit in der Mitte, und du erhältst dieses Gebilde:

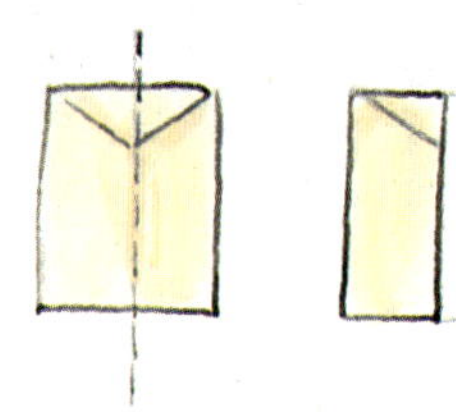

7. Zuletzt wird auf der Vorder- und Rückseite eine Klappe nach außen umgeknickt.

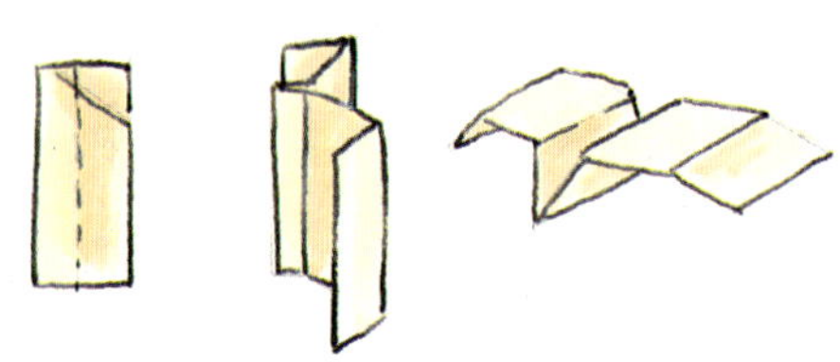

8. Fertig ist der Weltraumgleiter!

TIP: Was meinst du, wie sich der Empfänger freut, wenn du den nächsten Brief auf die Innenseite eines Weltraumgleiters schreibst!
Wähle zum Basteln einseitig bedrucktes Papier aus, oder beschreibe bedrucktes Papier mit einem Folienstift!

Ein Bumerang aus Papier

Du brauchst:

Stück Papier
Lineal und Schere
Bleistift

Miß ein Papierquadrat mit 8 cm Seitenlänge ab, und schneide es aus.

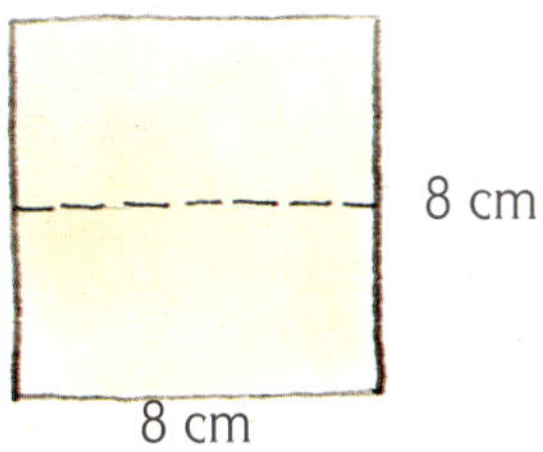

Falte das Papier in der Mitte...

...und dann noch ein zweites Mal.

Nimm jetzt das Lineal und den Bleistift, und miß waagrecht und senkrecht an den geschlossenen Seiten einen Streifen von 1 cm Breite ab.
Schneide durch alle vier Lagen gleichzeitig das weiße Quadrat aus.

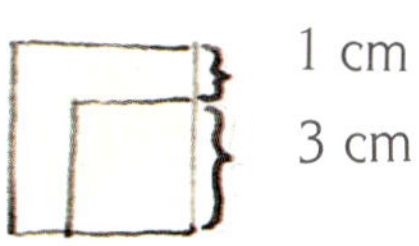

Übrig bleibt ein Kreuz: der Bumerang!
Streiche das Kreuz glatt.
Lege es dir jetzt so auf den Handrücken, wie es die Abbildung zeigt.
Verstecke deinen Daumen unter der Handfläche, damit der Bumerang beim Abflug nicht dagegenstößt. Streife mit dem Zeigefinger der anderen Hand fest gegen den Flügel, der nach innen sieht, und schon wirbelt der Bumerang davon.
Wie der echte Bumerang kehrt auch der Papierbumerang wieder zu seinem Ausgangspunkt zurück.
Gelingt es dir nicht gleich? Kein Problem! Streiche den Bumerang wieder schön glatt, und probiere es aufs neue!

Golf für Papierflieger

Ein Spiel für Kinderfeste

Jedes Kind erhält ein Blatt Papier, aus dem es sich einen Papierflieger falten darf. Auf der Wiese wird eine Startlinie markiert. Ungefähr 20 bis 30 Meter von dieser Linie entfernt wird eine Decke als Landeplatz ausgebreitet.

Nun geht das erste Kind an den Start. Von der Startlinie aus läßt es seinen Flieger in Richtung auf das Ziel segeln. Erst wenn der Flieger gelandet ist, sausen alle Kinder zu dieser Stelle.

Von hier aus darf jetzt der zweite Spieler seinen Papierflieger starten. Jeder Flieger darf in jeder Spielrunde nur einmal benutzt werden.

Gelingt es, den Landeplatz mit den zur Verfügung stehenden Fliegern zu erreichen?

Faltanleitung für den Papierflieger

1. Falte die rechte obere Ecke auf die linke Seite und die linke Ecke auf die rechte Seite. Öffne die Arbeit nach jedem Schritt.

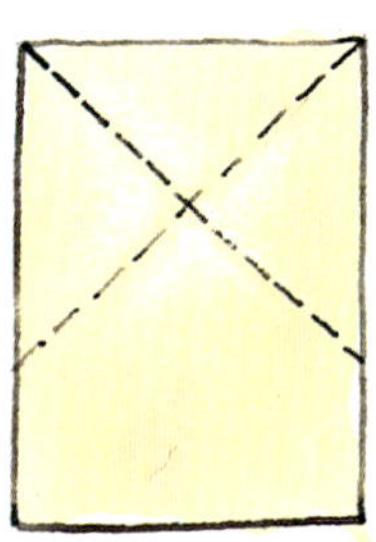

2. Wende das Blatt, und falte die obere Seite wie gezeigt nach unten.

3. Wenn du das Blatt jetzt wieder öffnest, sieht es so aus.

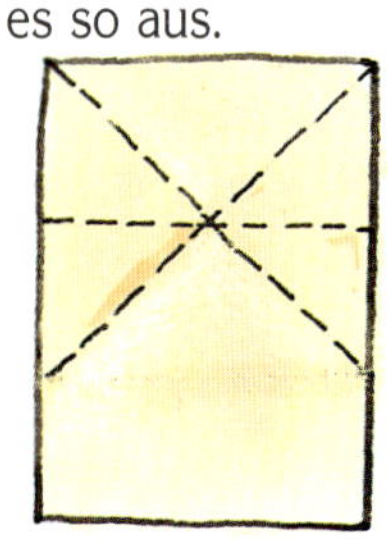

4. Wende das Blatt wieder, und falte die Arbeit zusammen wie hier gezeigt. Falte nun die beiden äußeren Ecken zur Spitze.

5. Falte die gesamte Spitze nach unten, und klappe die gleichen Fliegerhälften übereinander.

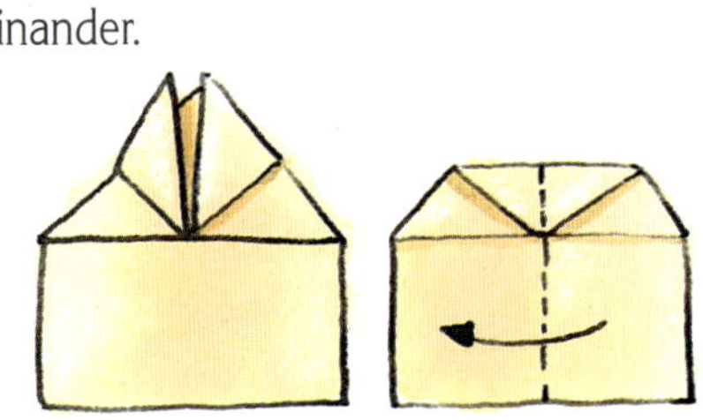

6. Jetzt knickst du die beiden Flügel nur noch oben jeweils etwa 1 cm nach innen und unten etwa 1 cm oberhalb des Falzes nach außen.

Und schon kann's losgehen mit dem Golf für Papierflieger!

Countdown für die Zeigefingerrakete

Wickle ein Alufolienrestchen oder ein Stück Silberpapier aus einer Schokoladenverpackung zu einer spitzen Rakete um deinen Finger.

Blase von unten fest in die Rakete. Unglaublich, wie weit sie davonzischt!

Vielleicht hast du Lust, gleich mehrere Raketenmodelle zu bauen. Probiere verschiedene Längen und Formen aus. Welche Rakete fliegt am weitesten?

Wenn du willst, kannst du natürlich auch mit Freunden oder Geschwistern einen Raketenwettflug veranstalten.

Her mit der Knete!

Salzteig

Salzteig kannst du wunderbar formen. Er ist einfach herzustellen und wird im heißen Backofen getrocknet (siehe „Salzteigtips" Seite 48). Danach ist er ganz fest, und du kannst ihn einfach nach Lust und Laune bemalen.
Hier ist das Rezept:

Du brauchst:

2 Tassen Mehl
1 Tasse Salz
2 EL Speiseöl
1 Tasse Wasser

Alle Zutaten miteinander verrühren und dann kneten, kneten, kneten, kneten ...

Murmeln

Rolle gleich große Kugeln aus dem Salzteig, und lasse sie im warmen Backofen bei 50 – 100 °C insgesamt zwei Stunden trocknen. Drehe sie zwischendurch immer mal wieder, damit sie keine flachen Stellen bekommen. Male die Murmeln dann mit Wasser- oder Plakafarben an, und überziehe sie am Schluß mit einer dünnen Schicht farblosem Lack.

Perlen

Genauso einfach wie Murmeln sind auch Perlen für eine Perlenkette herzustellen. Forme aus dem Salzteig Kugeln oder längliche Perlen. Bohre mit einem Zahnstocher vorsichtig ein Loch durch jede Perle, backe sie, male sie an, und lackiere sie zum Schluß.
Du kannst jetzt Perle an Perle auf einen Nylonfaden aufreihen oder dir eine einzelne, besonders schöne Perle an einem Lederbändchen um den Hals hängen.

Namensschild

Wie wäre es mit einem persönlich gebastelten Namensschild für deine Zimmertür? So ein Salzteigschild ist auch eine tolle Geschenkidee!
Vergiß nicht, zum Beispiel mit einer Stricknadel Löcher zum Aufhängen des Namensschildes anzubringen.

Buchstaben:
Dünne Teigwürste rollen und zu Buchstaben formen.

Grundplatte:
Teig etwa 1 cm dick ausrollen und die gewünschte Form mit dem Messer ausschneiden!

TIP: Namen wie Uli Klein sind problemlos aus Teigwürsten zu legen. Heißt aber jemand beispielsweise Bernadette von Schnurzbichler-Wattebausch, so ist es ratsam, den Namen mit einem Holzstäbchen in die Grundplatte einzuritzen!

SALZTEIGTIPS

Die fertig geformten Salzteigprodukte müssen im Backofen gebacken oder getrocknet werden.
Je nachdem, wie groß, und vor allem, wie dick die gebastelten Gegenstände sind, ändert sich natürlich auch die Backzeit!
Kleine, dünne Sachen bäckst du auf einem leicht geölten Backblech bei 50–100 °C zwei Stunden auf der Mittelschiene des Ofens. Größere, dickere Modelle trocknest du am besten über Nacht, also mindestens 6 Stunden lang, bei 50 °C im Backofen.
Nach dem Backen kannst du den Salzteig mit Wasser- oder Plakafarben und Filzstiften bemalen. Achte darauf, daß der Teig dabei nicht aufweicht!

Und hier noch ein paar Warnungen:

1. Sei nicht ungeduldig! Wenn du die gebastelten Dinge bei zu großer Hitze bäckst, kann es passieren, daß sie wie Popcorn aufplatzen, und du mußt sie wegwerfen.
2. Bei allen Bastelunternehmungen, bei denen Strom – in diesem Fall Backhitze – erforderlich ist, darfst du nicht alleine, sondern nur im Beisein von Erwachsenen ans Werk gehen! Halte dich bitte daran, damit nichts Schlimmes passiert!
3. Wenn du eine kleine Wunde an den Händen hast, klebst du am besten Pflaster darüber. Salz kann gemein brennen!

Spielteig

Und hier noch ein Rezept, diesmal für einen Teig, der nicht gebacken wird.

Du brauchst:

¼ l Wasser
1 EL Speiseöl
100 g Salz
175 g Mehl

So wird der Teig gemacht:

Gib das Wasser, zusammen mit dem Salz und dem Öl, in einen flachen Topf, und laß es aufkochen.
Ziehe den Topf von der Herdplatte, und schütte das gesamte Mehl auf einmal hinein.
Rühre mit einem Kochlöffel, stelle den Topf kurz zurück auf die heiße Platte, und rühre weiter, bis der Teig ein einziger dicker, glänzender Kloß geworden ist.
Auf dem Boden des Topfes siehst du einen weißlichen Belag. Der Teig ist fertig, und du brauchst nur noch abzuwarten, bis er soweit ausgekühlt ist, daß du ihn anfassen kannst.

Noch ein paar Hinweise:

1. Sollte der Teig einmal kleine Klümpchen bekommen, dann knete ihn mit dem Knethaken des Handrührgerätes ein paar Minuten durch.
2. Wenn du den Teig verschenken willst, ihn also nicht gleich weiterverarbeitest, mußt du noch zwei Teelöffel Weinsteinpulver hinzufügen. Dieses Pulver macht den Teig haltbar. Weinsteinpulver bekommst du in der Apotheke.
3. Bunten Teig erhältst du, wenn du dem Wasser ein paar Tropfen Lebensmittelfarbe zugibst. Du brauchst dann auch etwas mehr Mehl. Lebensmittelfarben gibt es in Drogerien und Naturkostläden.
4. Dieser Teig klebt nicht an den Händen und ist ungiftig. Für Geschwister oder Freunde ein ideales Geschenk! Stelle Teig in mehreren Farben her, und verschenke ihn in kleinen Plastiktüten!
5. Der Spielteig hält sich, in einer Plastiktüte verpackt, im Kühlschrank beinahe unbegrenzt.
6. Den getrockneten Spielteig kannst du wie Salzteig mit Wasser- oder Plakafarben und Filzstiften bemalen. Paß aber auf, daß der Teig nicht aufweicht!

Basteleien mit Spielteig

Spielteig kannst du genau wie Plastilin formen. Das fertige Bastelprodukt wird nicht gebacken, sondern nur an einem warmen Ort getrocknet.
Was du alles basteln kannst?

Hier ein paar Vorschläge:

– Kleine Spielfiguren, Tiere oder Monster, die du nach dem Trocknen mit Filzstiften oder Plakafarben anmalst und zum Schluß lackierst. Oder wie wäre es mit einer kompletten Weihnachtskrippe?

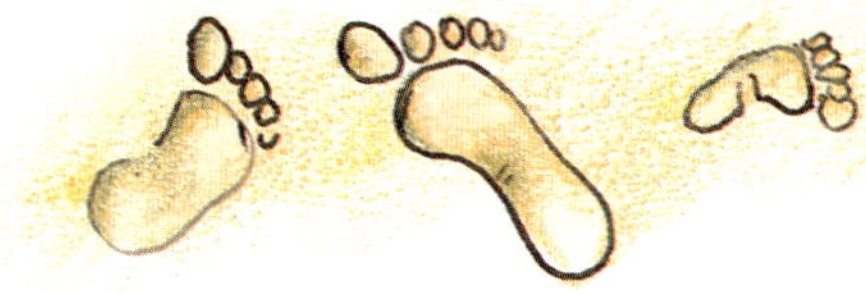

– Spielteig eignet sich auch als Material für Formen, die man mit Gipsbrei ausgießt. So bleiben Abdrücke „für die Ewigkeit".
Willst du beispielsweise einen Abdruck von dem winzigen Fuß deines Babygeschwisters? Dann stelle aus Spielteig eine etwa 3 cm dicke Platte her, die etwas größer ist als der Babyfuß. Drücke das Füßchen vorsichtig in den Teig, und hebe es wieder ab.
Du erhältst eine Form, die du jetzt mit flüssigem Gipsbrei ausgießt. Ist der Gips hart, ziehst du den Spielteig ab.

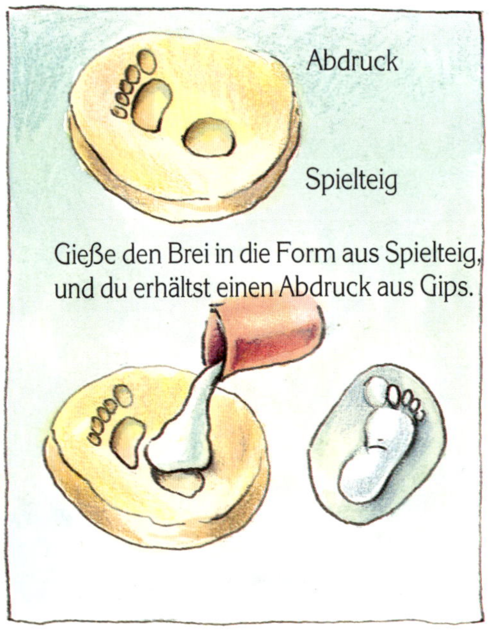

Gieße den Brei in die Form aus Spielteig, und du erhältst einen Abdruck aus Gips.

Eine Schnecke für zu Hause

Wenn du das nächste Mal ein schönes, verlassenes Schneckenhaus findest, dann nimm es doch mit nach Hause, und bastle dir die passende Schnecke dazu!

Du brauchst:

Salzteig oder Spielteig
1 Zahnstocher

Wasche das Schneckenhaus vorsichtig aus, und tupfe es mit einem Küchentuch trokken.
Rolle für die Schnecke ein Stück Spielteig oder Salzteig zu einer Wurst, und setze das Schneckenhaus auf das hintere Ende.

Rolle eine Kugel, und setze sie als Kopf vorne auf den Schneckenkörper.

Brich den Zahnstocher in zwei Hälften, und stecke sie der Schnecke als Fühler in den Kopf.

Auf die Fühlerspitzen werden zwei winzige Teigkügelchen gesteckt. Zum Schluß bekommt die Schnecke noch Augen aus zwei platt gedrückten Kügelchen und eine dicke Knubbelnase.

Nun mußt du den Teig noch backen oder trocknen lassen. Anschließend kannst du die Schnecke nach Belieben anmalen.

Eine kleine Überraschung

Puppengeschirr

Wer eifrig das Silberpapier aus Schokoladenverpackungen oder Reste von gebrauchter Alufolie sammelt, kann daraus ein niedliches Silberservice für Püppchen, Teddys oder andere kleine Gesellen basteln.
Überlege dir zuerst, was du herstellen willst. Drücke die Folie locker ungefähr in die gewünschte Form. Bist du zufrieden, dann drückst du die Folie fester.
Auf diese Weise lassen sich Tassen, Teller, Schüsselchen und sogar winzige Besteckteile herstellen.
Ein bißchen Geduld brauchst du schon, aber bald hast du den Bogen raus und hast vielleicht auch Spaß daran, noch ein paar kleine silberne Tiere zu knüllen.

Die Fernwehschachtel

Allen Menschen, die gerne verreisen, kannst du eine Riesenfreude mit einer Fernwehschachtel machen.
Du brauchst zuerst eine Streichholzschachtel, deren Hülse du mit einem schönen Papier beklebst. Schneide dann aus Papier ein ovales Schildchen, beschrifte es, und klebe es auf die Schachtel.

Überlege, wohin die- oder derjenige, der die Schachtel bekommt, am liebsten reist.
Tante Hanna fährt am liebsten nach Spanien und läßt sich dort in der Sonne bräunen? Kein Problem!
Du suchst aus Reiseprospekten (die gibt's im Reisebüro) ein Bild aus, das einen wunderschönen Strand zeigt, der Tante Hanna bestimmt gefallen würde.
Schneide das Bild aus, und beklebe den Boden und die Seitenwände der Schachtelschublade damit.
Im Spielwarengeschäft oder im Kaufhaus – dort, wo es Modelleisenbahnen gibt – schaust du dir mal die winzigen Zubehörfiguren an. Da gibt es Bergsteiger, Reisende mit Koffern in der Hand, sogar Babys im Kinderwagen, einen Schäfer mit Schafen und so weiter. Dabei findest du sicher auch eine Figur, die genau zu Tante Hanna paßt. Zum Beispiel eine Frau im Bikini, die sich im Liegestuhl sonnt oder sich auf einer Luftmatratze im Wasser treiben läßt.
Diese Figur kaufst du und klebst sie in die Fernwehschachtel.

TIP: Mit solchen kleinen Figuren kannst du übrigens auch langweilige Sonnenbrillen in supermoderne, witzige Brillen verwandeln.

Blumenväschen

Du brauchst:

festen Karton
trockene Blätter oder Baumrinde
Klebstoff
leere Schneckenhäuschen
Plastilin oder Spielteig (siehe Seite 49)

Allerkleinste Blumenvasen kannst du aus schönen verlassenen Schneckenhäuschen basteln. Eine tolle Tischdekoration, wenn du jedem Familienmitglied so ein Väschen an seinen Platz stellst!
Schneide aus festem Karton Quadrate mit etwa 5 cm Seitenlänge als Untersetzer aus. Mit Blättern oder Baumrinde wird der Karton so beklebt, daß er selbst nicht mehr sichtbar ist. In der Mitte befestigst du dann das Schneckenhaus mit einem Stück weich geknetetem Plastilin oder Spielteig so, daß die Öffnung nach oben schaut.
Fülle vorsichtig etwas Wasser in das Schneckenhaus, und stecke winzige Blümchen in die Vase.

Die Geburtstagskarte

Brauchst du für deinen Freund oder deine Freundin noch eine tolle Geburtstagskarte? Dann gefällt dir vielleicht dieser Vorschlag: Zuerst mußt du wissen, wie alt dein Freund wird. Schreibe dann mit einem Bleistift die entsprechende Zahl ganz groß so auf ein in der Mitte gefaltetes Stück Tonpapier, daß sie die Faltkante berührt. Schneide die Zahl aus. Durch den Falz wird die doppelte Zahl zusammengehalten.

Male die Zahl bunt an, oder beklebe sie mit
- Buntpapierschnipseln,
- Glitzersternchen oder -herzchen,
- winzigen geknüllten Kugeln aus Seidenpapier, alten Resten von Alufolie oder dem Silberpapier von Schokoladenverpackungen.

Aufgeklappt sieht deine Geburtstagskarte so aus:

Schreibe oder male deine Glückwünsche auf die Innenseite.

TIP: Wer ein ganz riesiges Stück Pappe auftreiben kann, der schneidet eine Riesengeburtstagszahl aus und beklebt sie mit bunten (eingewickelten) Bonbons!

Das Gutscheinbüchlein

Manchmal ist es schon wirklich schwierig, für einen Erwachsenen das richtige Geschenk zu finden. Für solche Fälle eignet sich ein Gutscheinbüchlein.

Zuerst bastelst du das Büchlein:

1. Falte zuerst die Markierungslinien vor.

Erst so, ...

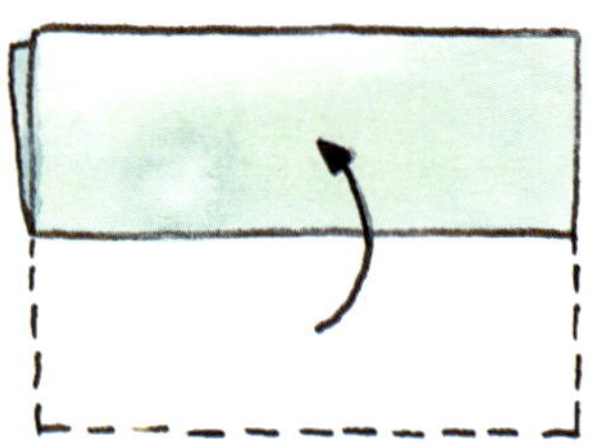

... dann so ...

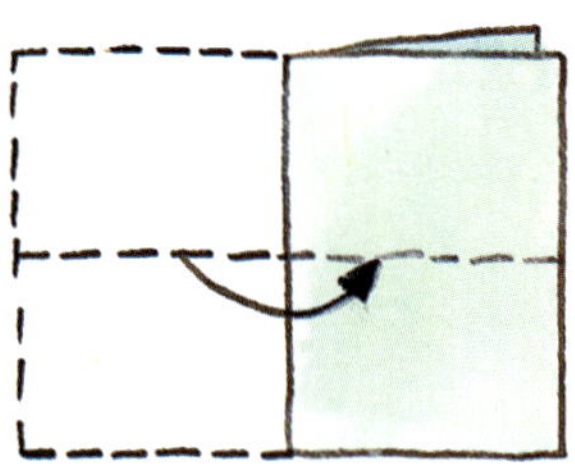

... und schließlich so.

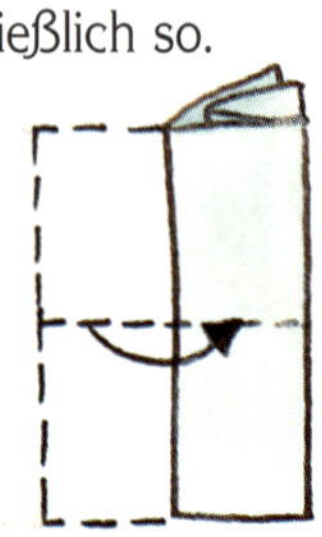

2. Lege das Blatt ausgebreitet auf den Tisch, und falte noch einmal in die angegebene Richtung. Schneide die markierten Linien ein.

3. Lege das Blatt wieder ausgebreitet auf den Tisch, und falte es der Länge nach: Der Einschnitt befindet sich oben.

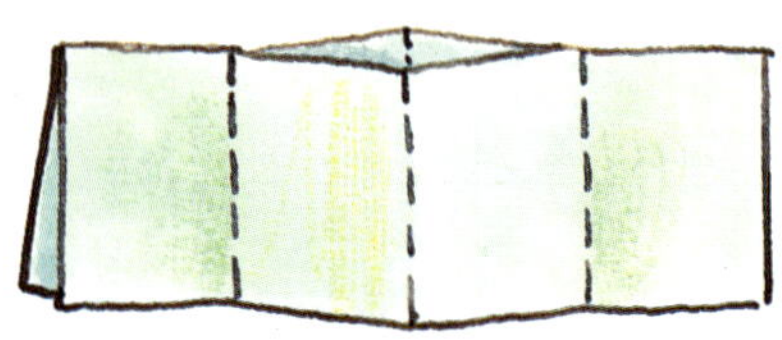

4. Schiebe das Blatt in der Mitte zusammen, und fertig ist das Büchlein!

Schnittöffnung

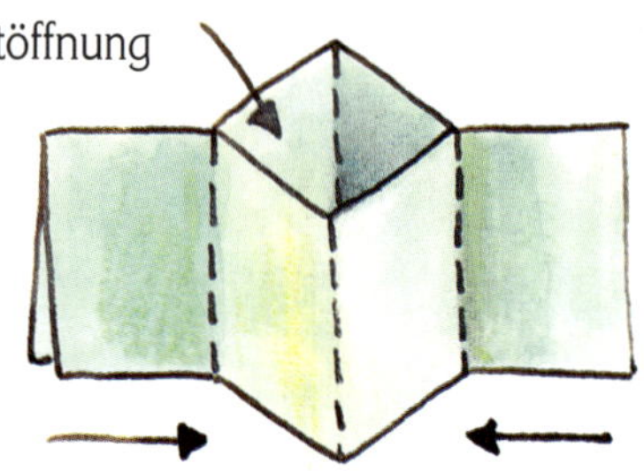

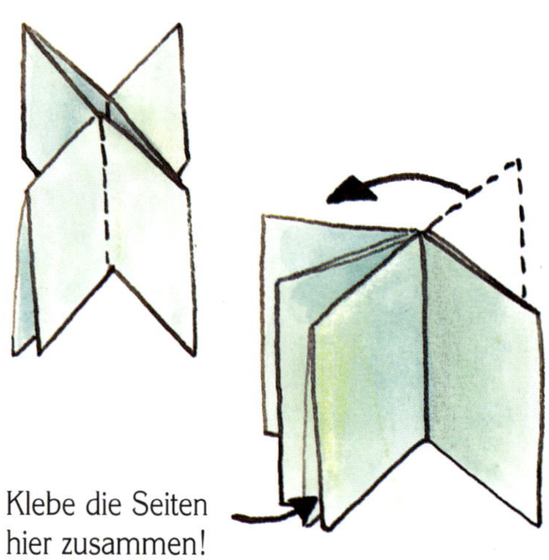

Klebe die Seiten hier zusammen!

Und jetzt zu den Gutscheinen:

Nun schreibst du auf die Vorderseite in deiner besten Sonntagsschrift den Namen des Empfängers und verzierst die Seite.
Dann überlegst du dir lauter nette Sachen, die dem Empfänger Freude machen würden, und schreibst zu allen den passenden Gutschein.
Male, wo es möglich ist, ein Bild, oder klebe ein passendes Bild, das du aus einem Katalog oder einer Illustrierten ausgeschnitten hast, dazu.

Gutscheintips:
- auf das Baby aufpassen
- den Hund ausführen
- den Rasen mähen
- einkaufen gehen
- beim Gartenumgraben helfen
- Schnee schaufeln
- das Sonntagsfrühstück herrichten

Denke bitte daran, die Gutscheine auch wirklich einzulösen. Erinnere den Empfänger ab und zu einmal an sein Gutscheinbüchlein.

Edle Steine

Du brauchst:

1 Stein
dünnen Silberdraht
Drahtzange
1 Lederband, Schnur oder Kettchen

Edle Steine müssen nicht immer teure Smaragde oder Diamanten sein!
Manchmal findet man ganz gewöhnliche Steine, die mindestens genauso schön sind, wenn man sie an einer Kette um den Hals trägt.
Besorge dir ein Stück dünnen Silberdraht und eine Zange zum Drahtbiegen. Je nachdem, wie dein Stein geformt ist, wickelst du den Draht entsprechend um ihn herum und biegst die Enden zu einer Schlinge, die gerade groß genug ist, daß du die Kette (Lederband, Schnur oder echte Silberkette) durchfädeln kannst.

Der Silberdraht ist nicht nur Mittel zum Zweck, den Stein an der Kette tragen zu können. Er kann auch ganz besonders effektvoll wirken und den edlen Stein erst so recht zur Geltung bringen!

TIP: Du kannst statt eines Steins auch eine Kastanie oder eine edle Perle aus Salzteig verwenden (siehe Seite 48). In einem selbstgemachten Säckchen (siehe Seite 43) läßt sich der „Edelstein“ besonders gut verschenken!

Glitzerspaß am Weihnachtshimmel

Zweifarbiger Weihnachtsstern

Du brauchst:

Bastelfolie, die auf der Vorder- und Rückseite zwei verschiedene Farben aufweist
Lineal
Bleistift
Schere
Klebstoff
Nadel
dünnes Bändchen

Zuerst schneidest du aus der Folie ein gleichseitiges Dreieck aus. Wie das gemacht wird, siehst du auf der Abbildung. Schneide das Dreieck sorgfältig aus. Bei einem gleichseitigen Dreieck sind alle Seiten gleich lang!

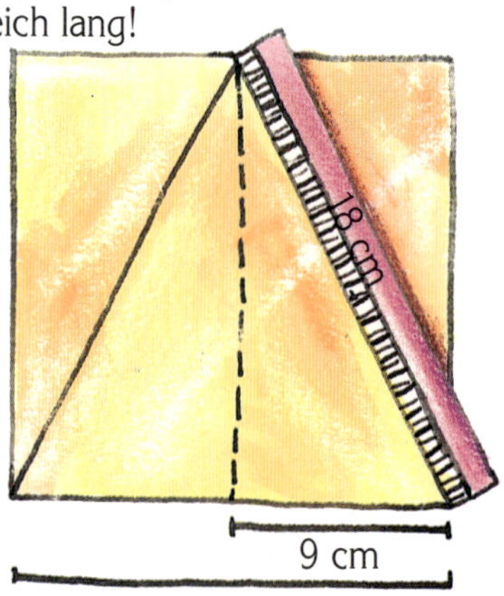

So wird der Stern gefaltet:

1. Falte die Spitze nach unten.

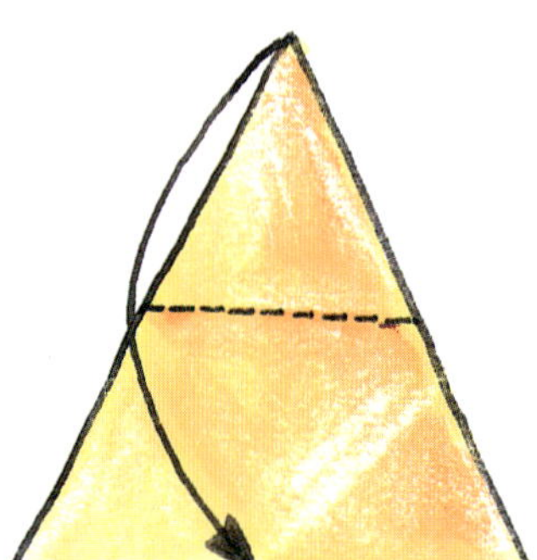

2. Falte die Spitze an der gestrichelten Querlinie wieder nach oben.

3. Knicke die äußere linke und rechte Ecke nach oben zum Falz.

4. Wiederhole jetzt die gleichen Faltvorgänge mit den anderen beiden Dreieckspitzen, und du erhältst einen wunderschönen sechseckigen Stern!

5. Klebe die Spitzen, die sich in der Mitte des Sterns treffen, mit einem Tropfen Klebstoff fest.

Bohre mit einer Nadel ein kleines Löchlein in eine Zacke. Achtung – nicht zu weit außen am Rand!
Fädle ein dünnes Bändchen hindurch, und hänge den Stern auf.

TIP: Verwende den Stern als Weihnachtskarte, und schreibe mit Folienstift deine Grüße auf die Rückseite!
Wenn dir dieser Stern zu kompliziert ist, kannst du auch einen einfachen Stern aus zwei übereinandergeklebten Dreiecken basteln.

Das Adventskalenderschloß

Du brauchst:

24 kleine Pappbehälter
Bastelfolie oder Geschenkpapier
24 kleine Überraschungen
Schere
flüssigen Klebstoff
Stift

Viel schöner als alle gekauften Adventskalender ist ein selbstgebasteltes Adventskalenderschloß.
Vor dem Basteln steht das Sammeln. Gebraucht werden kleine Pappschachteln und leere Streichholzschachteln; aber auch Papprollen aus dem Inneren von Küchen- und Toilettenpapier finden Verwendung.
Hat man 24 solcher Pappbehälter gesammelt, muß man zuerst ausgiebig herumprobieren, wie das Schloß am schönsten aussehen würde. Dann geht's ans Bekleben.
Alle Pappbehälter werden mit Goldpapier oder anderem, möglichst weihnachtlich anmutendem Papier beklebt.
Aufgepaßt! Die Behälter müssen so beklebt werden, daß der Schloßbesitzer später auch an die 24 Überraschungen gelangen kann. Also die Türen nicht vergessen! Wann welche Überraschung gefunden wird, bestimmt der Bauherr. Er beschriftet die Türen und Schubladen mit den Zahlen 1–24.
Wenn man nun das Schloß endgültig zusammengebaut und die Einzelteile miteinander verklebt hat, müssen natürlich die Überraschungen ins Schloß. Neben Süßigkeiten und winzigen Spielsachen können zur Abwechslung auch Gutscheine eingepackt werden.
Ist das Schloß fertig, kann der Architekt natürlich seiner Phantasie weiterhin freien Lauf lassen bei aufgeklebten Fenstern und Fensterläden, einer Zugbrücke, verschieden gestalteten Dächern nebst Fähnchen und vielem anderen mehr.

Kerzenbilder

Kerzenbilder sehen toll aus, wenn man sie als Dekoration ins Fenster hängt oder als kleine Anhänger am Weihnachtsbaum oder an den Weihnachtspäckchen befestigt.
Das Tollste aber: Kerzenbilder herzustellen macht wirklich riesig Spaß!

Du brauchst:

große Schüssel voll kaltem Wasser
mehrere Kerzenreste, möglichst in verschiedenen Farben
1 Nagel
dünne Bändchen zum Aufhängen

So wird gekleckst:

Halte die brennende Kerze schräg über die Wasseroberfläche, und laß Tropfen für Tropfen auf das Wasser fallen.
Probiere ein bißchen herum: Wie sehen die Tropfen aus, wenn du sie von weit oben herunterfallen läßt? Wie sieht das aus, wenn man mehrere Tropfen aufeinandersetzt?
Verbinde dann allmählich die Tropfen zu kleinen und immer größeren Wachsinseln. Hebe die Gebilde vorsichtig aus dem Wasser, und halte sie gegen das Licht.
Bastle Wachsbilder aus vielen, vielen bunten Tropfen, stelle aber auch einfarbige Wachsbilder her.
Bist du mit deinem Werk zufrieden, legst du das Bild vorsichtig auf Zeitungspapier zum Abtropfen. Dann bittest du einen Erwachsenen, mit einem heißen Nagel ein Loch hineinzuschmelzen, durch das man das Bändchen zum Aufhängen fädeln kann. Der Nagel wird dabei am Kopf mit einer Zange angefaßt und kurz über die Kerzenflamme gehalten. Dann wird die heiße Spitze durch das Kerzenbild gebohrt.
Tu das bitte nicht selber, denn du könntest dir die Finger verbrennen!

ACHTUNG: Jedes Spiel und jedes Basteln mit offenem Feuer (also auch mit einer brennenden Kerze) darf nur im Beisein von Erwachsenen durchgeführt werden!

Gefüllte Weihnachtsnüsse

Für eine Weihnachtsnuß brauchst du:

1 schöne Walnuß
Messer
1 Foto
Bleistift
kleines Stück festes Papier
flüssigen Klebstoff
dünnes Geschenkbändchen, etwa 20 cm lang
durchsichtiges Klebeband

Die schwierigste Arbeit steht bei dieser Weihnachtsbastelei gleich am Anfang. Eine schöne, große Walnuß muß nämlich von einem Erwachsenen mit Hilfe eines Messers in zwei Hälften geteilt werden. Ist das gelungen, ist der Rest kinderleicht!
Zuerst werden die Nußhälften ausgehöhlt. Dann legst du eine Schale auf einen Fotoausschnitt, der etwa so groß ist wie die Nußschale. Du fährst mit dem Bleistift außen herum und schneidest die Form sorgfältig aus.
Die zweite Nußschalenhälfte legst du auf das feste Papier, fährst ebenfalls mit dem Bleistift um die Nuß herum und schneidest die Form aus. Auf das Papier kannst du nun einen Weihnachtsgruß schreiben.
Das Geschenkbändchen wird einmal zusammengelegt und die beiden Enden in je eine Nußhälfte geklebt. Nun werden die Ränder der Nußschalen vorsichtig mit wenig flüssigem Klebstoff bestrichen.Das Foto und der Weihnachtsgruß werden auf die Nußöffnungen geklebt und kurze Zeit festgedrückt.

Bitte achte darauf, daß die Enden des Bändchens in den Nußschalen bleiben.
Lege dann die Nußschalenhälften wieder zusammen, und klebe sie mit zwei winzigen Stückchen Klebeband aneinander.

TIP: Klitzekleine Geschenke kannst du auf die gleiche Weise in Nüsse verpacken und verschenken.

Weihnachtsset aus Glitzerpapier

Du brauchst:

goldfarbene Bastelfolie, etwa 35 × 25 cm
Lineal
Bleistift
Schere
1 cm breite Streifen verschiedenfarbiger Glanzfolie, jeweils 30 cm lang
Klebestift

Vorbereitung:

Das große Stück Bastelfolie wird ausgebreitet und glattgestrichen. Dann wird auf den Breitseiten und den Längsseiten ein Rand von 3 cm aufgezeichnet. Dieser Rand markiert den „Webrahmen".

Nun wird das Stück innerhalb des Webrahmens der Länge nach in 1 cm breite Streifen eingeteilt. Diese Arbeit erfordert Lineal, Bleistift und Geduld!

Jetzt werden die Streifen eingeschnitten. Dazu legt man das Set am besten in der Mitte zusammen und schneidet von der Faltlinie aus bis zur oberen Webrahmenkante.

Aus verschiedenfarbigem Glanzpapier schneidest du dann viele 1 cm breite und etwa 30 cm lange Streifen ab.

Nun kann gewebt werden:

Die Streifen werden in bunter Folge abwechselnd über und unter die Webstreifen geführt, und zwar von Streifen zu Streifen versetzt. Die überstehenden Enden der Streifen werden, wenn das Set fertig ist, am Webrahmen festgeklebt.
Wer will, kann das Set noch stabiler gestalten, wenn er zuletzt den Webrahmen noch einmal mit 3 cm breiter Goldfolie beklebt. Dadurch verschwinden die Streifenenden, und das Set sieht besonders festlich aus.

Schneeflocken

Was, dir reicht der Schnee draußen noch nicht? Dann hast du vielleicht Lust, dir noch ein paar zusätzliche Schneeflocken zu basteln!

Du brauchst:

weißes Schreibmaschinenpapier
Schere

Zuerst wird das Papier gefaltet:

Schneide an der gepunkteten Linie entlang. Dann sieht es so aus:

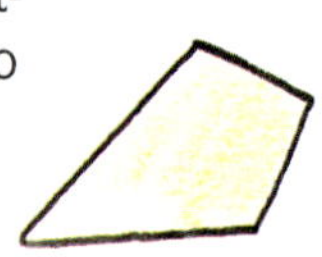

6. Schneide nun mit der Schere ein Muster ein. Beispiel:

Und jetzt: aufklappen und staunen!

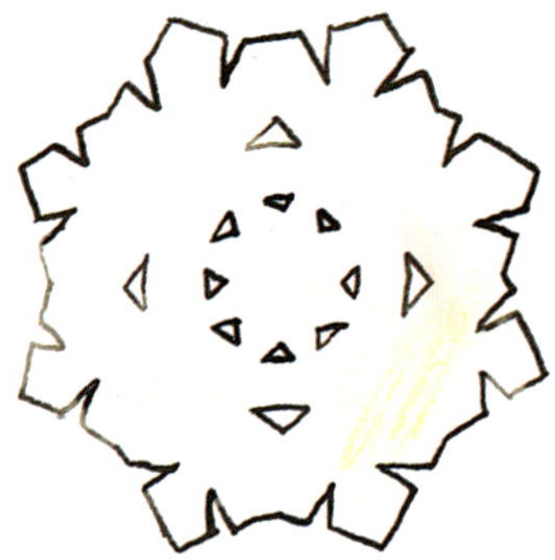

Wer statt eines Schneesterns lieber eine Eisblume möchte, schneidet bei ⑤ folgendermaßen:

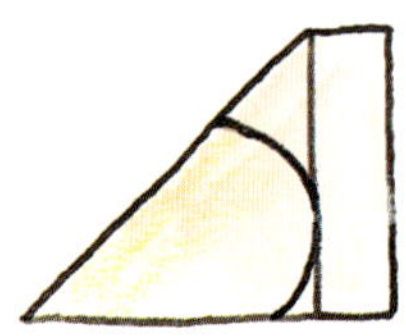

So entsteht eine Blume mit acht Blütenblättern.

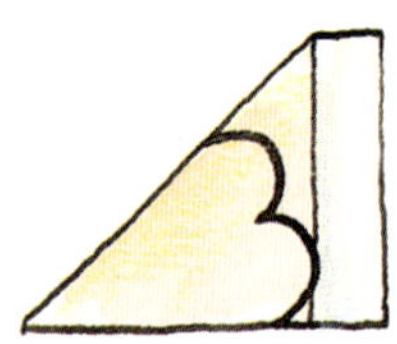

Und so hat die Blume sogar 16 Blütenblätter:

TIP: Aber wer sagt denn, daß Schneeflocken immer weiß sein müssen? Wie würden dir rosarote, blaue oder grüne Schneeflocken gefallen? Hänge die fertigen Schneeflocken mit einem Streifen durchsichtigem Klebeband an die Fensterscheibe.

Laternen aus Schnee

Aus Pappschnee werden dicke Schneebälle geformt. Von oben vorsichtig ein Loch in jeden Schneeball bohren und ein Teelicht darin versenken.
Abends werden die Lichter angezündet: Eine sehr stimmungsvolle Beleuchtung für den Balkon, die Terrasse oder den Garten.

Der leuchtende Schneeballturm

Zuerst werden viele möglichst gleich große Schneebälle geformt.
Dann legst du sieben Schneebälle dicht nebeneinander auf dem Boden im Kreis um ein brennendes Teelicht herum.
Darauf kommt ein weiterer, etwas kleinerer Schneeballkreis aus fünf Schneebällen.
So wird weitergebaut, bis ein kegelförmiger Turm entstanden ist, auf dem eigentlich nur noch ein Schneeball als Spitze fehlen würde. Die Turmspitze läßt du frei, damit das Teelicht, das du unten in den Turm hinein gestellt hast, auch genügend Luft zum Brennen bekommt.

Register

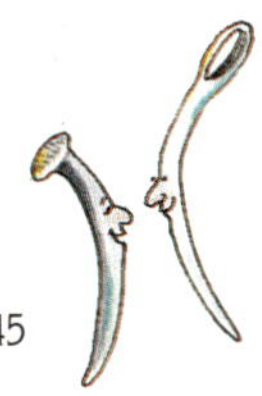

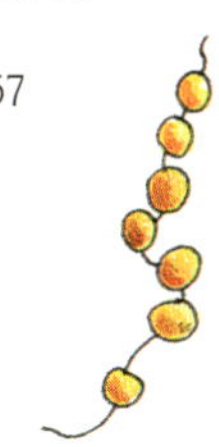